문학과지성 시인선 **418**

불가능한 종이의 역사

이 원 시집

문학과지성사

문학과지성사에서 펴낸 이원의 시집

그들이 지구를 지배했을 때(1996)
야후!의 강물에 천 개의 달이 뜬다(2001)
세상에서 가장 가벼운 오토바이(2007)
사랑은 탄생하라(2017)

문학과지성 시인선 418
불가능한 종이의 역사

초판 1쇄 발행 2012년 10월 15일
초판 7쇄 발행 2022년 9월 29일

지 은 이 이원
펴 낸 이 이광호
펴 낸 곳 ㈜문학과지성사
등록번호 제1993-000098호
주   소 04034 서울 마포구 잔다리로7길 18(서교동 377-20)
전   화 02)338-7224
팩   스 02)323-4180(편집) 02)338-7221(영업)
전자우편 moonji@moonji.com
홈페이지 www.moonji.com

ⓒ 이원, 2012. Printed in Seoul, Korea

ISBN 978-89-320-2352-6 03810

이 책의 판권은 지은이와 ㈜문학과지성사에 있습니다.
양측의 서면 동의 없는 무단 전재 및 복제를 금합니다.

지은이는 2011년도 한국문화예술위원회 아르코문학창작기금을 수혜했습니다.

문학과지성 시인선 418
불가능한 종이의 역사
이 원

2012

시인의 말

돌이킬 수 없는 한순간이 있었다
거울을 볼 수 없었으므로 거울을 들여다봤다
흘러가지 않고 깊은 곳에 묻혔다
동시에 여러 말을 하는 입들
의외로 조용하다

2012년 가을
이 원

불가능한 종이의 역사

차례

시인의 말

제1부

시즌 오프　9
의자와 노랑 사이에서　10
책을 펴는 사이 죽음이 지나갔다　14
서로의 무릎이 닿는다면　16
해변의 복서 1　18
죽은 사람으로부터 온 편지　20
그리고 바다 끝에서부터 물이 들어온다　23
브로콜리가 변론함　25
기린이 속삭임　28
반쯤 타다 남은 자화상　32
불가능한 종이의 역사　34
동그라미들　38
인간의 기분, 빗금의 자세　41
반가사유상　44

제2부

그림자들　49

일요일의 고독 1　50
일요일의 고독 2　51
일요일의 고독 3　53
일요일의 고독 4　55
일요일의 고독 5　57
칼은 생각한다　58
이렇게 빠른 끝을 생각한 건 아니야　61
살가죽이 벗겨진 자화상　65
식물인간의 고독　66
그림자 가이드북　67
구겨진 침대 시트 또는 다친 정신이 기억함　70
강물로부터 온 편지　72
해변의 복서 2　75
해변의 복서 3　77
어쩌면, 지동설　78

제3부

잘려서, 플라잉　83
야…………!　85
맛있어요!　88
여자는 몸의 물기를 닦는다　89
심야 택시　90
쿠키들의 접시　93
그럼에도 불구　95
'설탕' 지나 '껍데기' 찾기　97
규격 묘비명 21　99

NEW, 전지구적 파프리카 102
파는 백합과란 말씀 108
어린 왕 112
사람들은 아파트의 어디에 큰 개를 기르는가 115
봄밤의 아파트 118
짧게는 10분 길게는, 122

제4부
1분 후에 창이 닫힙니다 127
거울에서 얼굴이 탄다 131
얼굴이 얼굴을 빠져나간다 132
뼈만 남은 자화상 133
두부 같아요, 당신 135
우리가 처음 만났을 때 137
당신의 왼쪽 뺨 140
턴테이블 142
목소리들 144
트랙−출산 146
부활절의 결심 147
245mm 149

해설 | 불가능의 고도, 절벽의 꽃나무 · 함돈균 150

제1부

시즌 오프

어둠 속에서 아이들의 함성이 들렸다
아이들은 어둠 속에 없었다
오른쪽 왼쪽 모두 비어 있었다
조명탑에 불이 들어왔다
열매와 시체와 부리
밀던 것들은 막혀 있었다
거위의 간이 검게 변해갔다
발목도 안 자르고 아이들이 함성 속을 빠져나갔다
얼룩을 따라 벽이 번지고 있었다
사타구니가 오른쪽 왼쪽으로 비틀렸다
뜨거운 눈물이 단단한 눈알에서 쏟아졌다
올해의 첫눈이 내렸다

의자와 노랑 사이에서

흘러내렸어
심장이 들어 있을지도 모르는데

쏟아놓을 곳이 필요했어
설령 다리와 다리 사이라 하더라도
설령 다시 갱도로 돌아간다 해도

축축해

얇고 질긴 것들
금방 굳어졌어
뿌리라는 것을 생각이나 하는 것처럼

뼈와 뼈 사이를 채울 것
어깨 몸통
빛이 새어나가지 않도록
발목
손은 풀밭에 따로 있다

뼈와 빛 사이를 건너뛸 것
알의 기억으로
모래주머니가 미어터지도록

먹는다
뱉는다

색 속에서 몸을 꺼내 새들이 날아갔다
새는 긴 칼자국
부리가 벌인 일이었을까
제 것을 쪼아대며

온통 노랑
온통 패배

해가 타들어가며 서쪽을 열 때
모서리에서 올이 풀어지기 시작했을 때
맨발이 달빛을 꾹꾹 밟을 때

무릎이 튀어나오려고 한다

벌어진 것
터진 것

움켜쥘 수는 없단다
물러설 수는 없단다

우아하게 다리를 쭉 뻗으며
더더 가늘어지란 말이다
위태로워지란 말이다
더더 내달리란 말이다
더더 더럽혀지란 말이다
확신에 닿지 않을 때까지

뒤집힌 것들
흘러넘친 것들

피크닉 테이블을 준비할 수 있다

책을 펴는 사이 죽음이 지나갔다

금요일이 지나면 토요일이 지나고 일요일이 지나고 월요일이 지나면서 또다시 화요일이 오는 것을 믿을 수 있나요 오른손에 생오이를 성화처럼 들고 해의 방향으로 걸으면 밤을 지나고 왼손에 사과를 바꿔 들고 밤의 방향으로 걸으면 해가 뜬다 사십 년 동안 밤이 계속 찾아왔다는 것을 믿을 수 있나요 생오이와 사과 사이에 얼굴이 없다는 것을 믿을 수 있나요 허공 속에서 나무의 방향을 골라내 잘라내는 정원사들의 전지 가위 전능하신 신은 언젠가는 가위 속에 길어지는 혓바닥을 삼키느라 개들이 헉헉거린 지는 오래된 일 해의 방향으로 걸어도 밤의 방향으로 걸어도 밤이 계속 사라지는 것은 아주 오래된 일 교차로의 좌회전 신호를 따라 가도 사방이 다시 들어선다는 것은 그리 오래되지 않은 일 동쪽과 서쪽을 포개면 호두 엉켜서 고소해질 테다 부서질 테다 동쪽과 서쪽을 울퉁불퉁하게 가르면 양파 똑같은 파도가 넘치고 있는 거다 뼈를 자꾸 씻겨내고 있는 거다 동쪽과 서쪽을 접으면 당신은 북위

35도에서 웅크리고 있는 당신에게로 되돌아가는 중 나는 나를 잊어버리고 싶어 밤을 쭉 찢으며 달려요 풍덩 피에 빠지는 기분 아직 물기가 남아 있다고 생각되다니 수요일을 지나면 수요일이 오지 않고 오지 않는 수요일을 지나면 금요일이 오지 않고 밤과 밤의 간격은 점점 커져요 불어터진 손가락이 구덩이를 가리키며 사로잡힌 연인들의 이야기야 당신은 그런 그림 그리고 싶고 나는 불가능해요

서로의 무릎이 닿는다면

우리는 없는 테이블을 사이에 두고
없는 의자와 같이 마주 앉아 있다
의자는 없고
서로 의자가 되었으므로
당신과 나 사이에는 테이블이 놓여야 하지요
테이블 아래로 밤이 자꾸 와서
당신과 나 사이가 깊어지지요
글썽이는 것들은 모두 그곳에 묻히지요
모서리가 네 개 다섯 개
여섯 개
일곱 개로 늘어나지요
어긋나는 중이어서 반짝거려요
당신의 어깨에서 단풍잎
당신의 오른팔에서 불가사리가 떠올라
테이블이 자꾸 출렁거려요
당신의 가슴 한복판에서 솟아오르는 새
뚫린 당신의 가슴과 등 사이에서
의자가 사라지고

살은 짓무르고
오도독거리는 것들을 지나
서로의 무릎이 닿는다면
그 순간 당신과 나는
무릎뼈와 조약돌은 같은 안을 가졌다는 것을
알게 될까요
모든 방향이 사라지고 그러나 바람은
방향이 사라지는 곳에서 불어온다면
울면서 지워지면서
우리는 우리가 먼 미래에서
이제 막 돌아왔다는 것을 알게 되지요

해변의 복서 1

메아리
오래 치는 펀치

길들이 모두 사라졌다고 믿으면
그때서야
말들이 조용해졌다

당신은 떠났고 그는 죽었다

죽은 얼굴을 보았을 때 발을 붙잡았다
발은 부어올라 있고 죽은 얼굴은 납작했다
발 속에 절벽을 넣어두었구나 생각했다

절벽을 모으면 상자를 만들 수 있다
상자를 비워두면 파도를 밀어낼 수 있다

골짜기는 맨 아래가 좁다
가장 좁은 곳을 깊다고 한다

깊은 곳을 벗어나겠니

절벽에는 놓친 발들
절벽에는 꽃나무

기어오르겠니

날아오르겠니
멀어지겠니

아무도 없는 해변
해변에는 몸들이 떼어 놓고 간 발자국

손은 퉁퉁 울며

복서는 어디에 있습니까

죽은 사람으로부터 온 편지

나는 잘 도착해서 소호를 다니고
이제 막 저녁 먹으러 식당에 들어왔어
오래 기다렸니
저녁까지 오는 길이 멀었다고만 간단하게 말할게
구름은 구름을 몰고 왼쪽에서 왼쪽으로
한쪽 귀가 떨어져나간 토끼머리를 흉내 낸 구름들은
한쪽 귀가 떨어져나간 토끼머리를 끝까지 흉내,
천 개의 손이 동시에
천 개의 손과 부딪치며
상자. 빛. 입술. 새가 차례대로 왔다
책장을 넘길 때는 소리를 내지 말아야 합니다
그 문장이 그리웠어
솜으로 꼭꼭 막아주었다고 생각하겠지만
그보다 내가 먼저 모든 구멍을 오므렸기 때문에
내내 쫄깃거렸어 휩싸인 파도는
비릿했고 조금 다정했고
조금 무뚝뚝했어
혼자 떠나온 것을 염려하지 마

혼자라서 모두 다르고
혼자라서 모두 평등해
삼 년 동안 여행 가방에서 코트와 정장을 안 꺼냈는데
지금쯤은 너무 구겨졌을까
코트의 안쪽 주머니에 못다 한 말을 써넣은 것은 아니겠지
펴보지 않을 테니 끝내 못다 한 말로 간직해줘
그런데 방금 온 식당 주인은 입이 없어서 먹을 수가 없다고
'너는 그림자가 없다'고 하는데……
폭설이 내리면 비로소 허공이 나타난다고 해
가늠할 수 없는 높이와 넓이를 가졌기 때문에
허공을 깊다고 한대
깊으면 밤이 시작된다고 해 이곳에서의
첫 밤은 아주 길 테니
허공이 거대한 심야 식당이 되면 식당 주인도 조금은 다급해질 테니

괜찮아
나는 늘 먼저 도착하는 사람
입에서 항문까지 오는 가장 긴 여행도 끝마쳤으니
너무 걱정은 마
나는 지금까지도 훌륭한 날씨처럼 굴었으니까

그리고 바다 끝에서부터 물이 들어온다

팔월과 시월 사이 사과가 익는다 접시 위에 칼을 놓는다
창에 얼굴이 반만 나타난다

바다와 나란히 비행기가 지나간다
허공은 목구멍을 사과 속에 벗어 두고 나온다
유방들의 둘레가 헐렁해진다 팔월과 시월 사이 사과가 익어가면서

빛을 빠져나온 것들은 모두 칼질이 되어 있다
칼은 너무 오래 찌르고 있다 아는 얼굴이라고 했다

비탈에는 붉어지는 사과가 주렁주렁하다
덜 익은 사과가 기억으로부터 뚝 떨어진다
허공에는 벌어진 입

아래를 열면 그곳에 산 채로 아이들이 들어 있다
아이들은 허공에서 나오지 않는다 바람이 아이들을

보기 좋게
    결대로 자르는 것은 아이들이 소리를 지르는 그때

사과가 또 하나 툭 떨어진다

브로콜리가 변론함

부끄러웠어요
자꾸만 부끄러웠어요
부끄러워요는 치욕스러워요와
같은 말. 그러니까 더 부끄러워
얼굴 안으로 얼굴을 집어넣었어요
몸 안으로 팔을 집어넣었어요
발을 무릎으로 밀어 넣었어요
문둥이처럼 잘린 팔과 다리를
가졌구나
뭉툭한 곳을 툭툭 쳐댔어요
부끄럽니는 사라져버려와
같은 말. 그래서
어디였는지도 모르고 몸 안을 휘젓는 팔
무턱대고 돌아다니는 흙발
풀어질 것이 없다구요
괴로움이 없는데 괴로웠어요
얼굴이 꽉 차서 속눈썹 하나
깜빡여지지 않았어요

얼굴이 없는데 비명이 들렸어요
세상에서 가장 긴 포물선이었어요

       *

나예요. 가슴 앞에 모은
양쪽 손 안에 들기 좋은
초록의
덩어리
적막
새
부케
모래 언덕

파닥거려요?
아직도 흘러내리는 것은 살처럼 따뜻해요?
엉킨 심장은 여전히 뛰고 있어요
새어 나오는 것들

아삭거려요?

다닥다닥
오돌도돌 돋은 소름. 나예요

목덜미
허리
발목

그때처럼
잘린 아래를 잡아도 좋아요

기린이 속삭임

생각에 잠긴 척.
목이 꽤 아팠지만 눈이 더 이상 밖을
쳐다보지 않아도 되었어요
생각에 잠긴 척. 묵묵히
목이 끊어질 듯.
목 속으로 침이 넘어가지 않았어요
숨통이 좁아들었어요
그러나 온 힘을 목에 실어
생각에 잠긴 척.
볼 수 없는 것들로 가득 찬 곳을 보라니요
아무렇지 않은 척
눈의 괴로움보다
한 포즈의 괴로움을 결심

차디찬 고요를 선물해줄게
가까이까지는 모두 오지 않았어요
보이는 곳에 있어줄게
그렇다고 아예 멀어지지도 않았어요

필사적으로 입을 다물고
눈을 내리깔고 생각에 잠긴 척.
볼 수 없는 것을 보지 않도록
투항이 아닌
저항

        *

목이 점점 길어졌어요
목 속에서 목이 자라났어요
뻗어가는 목을 따라
허공에서 뼈들이 들어섰겠어요?
겨우 발과 얼굴 사이였다니까요
얼굴과 멀어지고 있었어요
끔찍하도록 긴 고요가 마음에 드니?
가파르지 않은 벼랑은 없으니까요
생각에 잠긴 척.
몸을 떠나

버스 정류장을 지나고 목공소를 지나고
카페를 지나고
공원.

목 끝에 매달린 것은
어디에 전부가 물려 있었나요?
무엇이 벼랑을 근육으로 만들고 있었나요?
긴 목을 따라 되돌아오고 있는 것은 무엇이었나요?
무엇이 목을 구부러지게 할 수 있나요?
초록이 검정에 어떻게 스며들어가나요?

    *

……그러자
구부러진다 목……
긴 목을 구부려 발 옆에 놓을 수 있어요
풀밭 속으로 푹 넣을 수도 있지만
닿을 듯 닿을 듯

위태로움을 간직하는 법을 알게 되었어요
그리 긴 시간도 아니었어요

어둠이 되어보지 않고 초록이 생겨나겠어요?

반쯤 타다 남은 자화상

나는 꽃. 떨어져나가지 않는 목.
툭툭 빠져나온 등. 얼룩말.
머리를 집어넣고. 숨구멍을 뚫는 중.

밤이 사라졌을 때. 죽은 사람이 보였다.
새들이 턱을 쪼아댔다.
눈은 거기가 아니었는데.

껍질만 남았어요. 자루 같을 줄 알았는데.
주름이 너무 많아요. 울고 있었나요.
코펜하겐의 찻잔. 우아한 한 손으로 들겠어요.
두 손도 같은 일을 할 때는 많지 않아요.
다리는 잘려나간 지 꽤 되었어요.
빗금이라 마음에 들어요.
설 수 없대요.

눈알을 건졌어요. 귀는 그냥 떠내려갔어요.
귀를 막아줬어야 했는데.

먼 곳으로 갔어요. 보이지 않아 알 수 없어요.
부스러기는 손가락으로 찍어 먹어요.

절벽의 표면. 절벽과 절벽 사이.
노랑. 파랑.
코와 성기 사이.
길들은 너무 많이 꺼내져 있다. 소란스럽다.
내장을 안에 넣으라는 것.

귀는 멀리 가고 있어요.
보이지 않아 알 수 있어요.
음계 솔. 파도를 계속 놓치는 중.

커브 직전. 참을 수 없는 대낮이 전부.
땅콩의 속껍질을 벗기는 중.

밤과 낮도 이제는 그만 상식을 벗어날 때.

불가능한 종이의 역사

어제는 참을 수 없어. 들킨 것은 빈 곳을 골라 파고들던 발. 신발이 시킨 일. 발자국은 정렬되고 싶었을 뿐.

어제는 참을 수 없어. 엉킨 몸으로라도 걸었는데. 줄이 늘어났어. 엉킨 몸은 줄어들지 않았는데.

몸은 오늘의 소문. 너는 거기서 태어났다. 태어났으므로 입을 벌려라.

너는 노래하는 사람. 2분 22초. 리듬이 멈추면 뒤로 사라지는 사람. 뒤에서 더 뒤로 걸어 나가는 사람. 당장 터져 나오는 말이 있어요. 리듬은 어디에서 가져오나요. 메아리를 버려라.

흰 접시에는 소 혓바닥 요리. 다만 너는 오늘의 가수. 두 팔쯤은 자를 수도 있다

너는 가지를 자르는 사람. 뻗고 있는 길을 보란 듯이 잘라내는 사람. 좁은 숨통을 골라내 끊어내는 사람. 내일을 잘라 오늘을 보는 사람.

다만 나는 오늘의 정원사. 한때 인간이 되고자 했던 것은
태양 속에 설 수 있게 될지도 모른다는 생각 때문.
태양 아래 서게 되었을 때 내내 꼼짝할 수 없던 것은
불빛처럼 햇빛도 구부러지지 않았기 때문.

오래 아팠다고.

잘라버린 가지는 나의 두 팔이었던 것.

끝내 잃어버렸다고 생각한
끊어진 두 팔을 뚫고 이제야 나오는 손. 징그러운 새순.
허공은 햇빛에게 그토록 오래 칼을 쥐여주고 있었

던 것.

어쩌자고 길부터 건너놓고 보니 가져가야 할 것들은 모두 맞은편에 있다.

발목쯤은 자를 수도 있다

그토록 믿을 수 없는 것은 명백한 것. 우세한 것. 정렬된 것.
발이 그토록 오래 묻고 있었던 것

다시 태어난다면 가수나 정원사가 될 거야
설마 인간으로 다시 태어나고 싶니 하겠지만

흙 속에 파묻혔던 것들만이 안다. 새순이 올라오는 일.
고독을 품고 토마토가 다시 거리로 나오는 일.

퍼드덕거리는 새를 펴면 종이가 된다
새 속에는 아무것도 써 있지 않다
덜 펴진 곳은 뼈의 흔적

왼쪽에서 오른쪽으로 써나가는 사람. 방금 전을 지우는 사람.
두 팔이 없는 사람. 두 발이 없는 사람.
없는 두 다리로 줄 밖으로 걸어 나가고 있는 사람

첫 페이지는 비워둔다
언젠가 결핍이 필요하리라

동그라미들

기억은 열려 있다

동쪽으로부터 달
테이블 어깨
뺨은 흘러내리지 않고

동그라미들
밖을 잡아당기는데 안이 열리는 것

덜그럭거리는 안은 그토록 고요한 것

동그라미들
눈동자를 비워버리는 것

날 때는 발을 잊는 것

날 때는 날개를 잊는 것

설산에 사람들이 묻혀 있다
양쪽 어깨에 배낭을 멘 채

이토록 많은 장면들을 펼쳐놓은 채

비상구는
지하 일 층과 일 층 사이

반허공이 존재합니까

서쪽으로
빛이 들어오지 않는 고요

신들이 긴 자락을 끌며
오늘에 도착한다

절벽에도 안식일은 있어야 한다

우리는 이미 거기에 있지 않다
어깨와 가까운 곳에서 새가 울었다

* 반허공: 영화 「왕의 남자」의 대사.
* 우리는 이미 거기에 있지 않다: 니콜라이 고골.

인간의 기분, 빗금의 자세

처음부터 잘려서 나왔다
똑같은 것을 두 개씩이나 달고
끊어진 곳을 다듬는 것을 좋아해
우리는

서로 만지는 것을 좋아해

머리와 발을 꺼내면 고독이 시작된다
뭉개진 손으로 서로의 목을 껴안으며 속삭인다

눈을 감아
우리는 거기에서 나왔다

사랑이 시작될 거야

눈 안쪽에서 해골이 떠오른다
해골로도 표정을 지울 수 없다니
불태워지는 수밖에

(표정은 있으나 이름이 없어
화장장 순번을 받을 수 없다)

죽은 사람이 몸속에 있다
죽은 사람을 다시 죽일까 내 손으로
지금부터라도 죽은 사람을 잘 묻어줄까
그 또한 내 손으로

배달 오토바이는 사생아처럼 옆구리로 빠져나가며

밀림을 헤치고
손금이 새겨진 때를 알고 있어?
계속 키스나 해

서로의 입안에 침을 섞으며

같은 피를 나누지 않아 우리는 하나예요
몸속에 죽은 사람이 살고 있어요 우리는

다른 방향으로 갈라지던 손가락들이
물갈퀴처럼
피를 뒤져본다 목덜미를 움켜쥔다

가볍고 사소해
마치 인간이 된 듯한 기분

내가 돌아올 때까지 꼭 여기 있어

손이 손을 잡고
산 사람에게처럼 호소할 때면
서로의 귀가 접혔다
훨씬 솔직해 보였다

반가사유상

방 밖이 아니라
방 속으로 열린 문으로 양변기가 보이기 시작했을 때
살은 없고 뼈만 남은 몸을 생각했다
뼈만 남은 몸도 추울까 한참을 들여다보았을 때
살이 흘러내린 것임을
흘러내린 살이 썩지 않는 것은
몸 밖으로 몸을 내보내지 않았기 때문이라는 것을
알았다
벽 속의 몸은 벽 속의 몸만
들여다보고 있었기 때문이라는 것을 알았다

명상이 저렇게 치열한 것인 줄 알았다면
방 속에 화장실을 들여놓지 않았을 것이다
명상이 저렇게 끔찍한 것인 줄 알았다면 변기가 보이게
문을 열어놓지 않았을 것이다

그러나 문을 닫아놓으면

어둠뿐인 곳에서도 자세를 흐트러뜨리지 않을 변기가
점점 더 선명해지는 것이어서
하수구로 연결되어 있는 변기의 좁은 관이 떠오르는 것이어서
감추어둔 발을 찾아보게 되는 것이어서
다시 문을 열고
자꾸 맨몸으로 변기에 앉아보는 것이다 나는

반가사유상의 무릎에 앉아 반가사유상의
손이 되고 배꼽이 되고 발이 되고 반가사유상의
절망이 되고 반가사유상의 알리바이가 되고
반가사유상의 부끄러운 목숨이 되어
내 몸을 들여다보게 되는 것이다
몸 밖으로 튕겨 나가려는 시간을 물고 있어
자꾸 흘러내리는 내 살을 보게 되는 것이다
발은 몸의 것인데 발자국은 왜 길에 찍히는 것인가를
비명은 몸의 것인데 왜 몸 밖으로 나가려 하는 것인

지를

  끔찍한 것을 알아버린 좁고 깜깜한 목구멍을 생각해보는 것이다

  그리고 어떤 날에는 내 몸에서도 생각에서도
  낙타의 땀이나 소젖처럼 다시 냄새가 나기도 하는 것이다
  몸도 생각도 진창으로 미끈거리고 숨 막히기도 하는 것이다
  내 두 발은 반가사유상의 명상으로 끓기도 하는 것이다

제2부

그림자들

바닥은 벽은 죽음의 뒷모습일 텐데 그림자들은 등이 얼마나 아플까를 짐작이나 할 수 있겠니

무용수들이 허공으로 껑충껑충 뛰어오를 때 홀로 남겨지는 고독으로 오그라드는 그림자들의 힘줄을 짐작이나 할 수 있겠니

한 사내가 또는 한 아이가 난간에서 몸을 던질 때 미처 뛰어오르지 못한 그림자의 심정을 짐작이나 할 수 있겠니

몸은 허공 너머로 사라졌는데 아직 지상에 남은 그림자는 그 순간 무슨 생각을 할지 짐작이나 할 수 있겠니

일요일의 고독 1

햇빛이 어린 나무 그림자를 아스팔트 바닥에서 꼼짝 못하게 하고 있다

아이가 제 그림자 속에 공을 튕기며 걸어갔다

비둘기 두 마리가 나란히 땅에서 하늘로 수평을 끌어올리며 솟구쳤다

타워크레인의 기다란 줄 끝으로 나무 한 그루가 끌어올려졌다 비닐 안에 뭉쳐진 흙더미가 뿌리를 감추고 있었다

시간은 수십만 개의 허공을 허공은 수십만 개의 항문을 동시에 오므렸다

일요일의 고독 2

 속옷만 입고 여자는 침대 한가운데에서 두 무릎을 세우고 앉아 있다
 여자의 몸에 얼굴에 햇빛이 죽죽 그어진다

 여자의 얼굴은 휴일의 상가처럼 텅 비었다
 열린 창의 끝에서 흰 커튼이 양 갈래 머리처럼 흔들린다

 여자의 등 뒤에는 벽 여자의 얼굴 앞에는 창
 초록색 뿔테 안경을 쓴 남자아이가 노인의 걸음걸이로 창밖을 지나간다
 여자의 등이 점점 더 둥그렇게 휘며 벽에 가까워진다

 뼈의 감정 같은 것
 브래지어 버클보다 먼저 여자의 등을 물고 있던 살이 툭툭 터진다
 뼈의 안쪽에서 뼈는 무엇을 붙잡고 있을까

고독이 꼭 추운 것만은 아니다
그물이 된 얼굴을 들고 여자의 뼈는 자세를 바꾸지 않는다

일요일의 고독 3

꽃봉오리가 맺힌 곳이 고요하다

하늘 밖은 둥글고 흙 속은 웅성댄다

수백 개의 창들이 미끄러져 내리고 있다

내부는 창만 바꾸고 있다

차 한 대가 그늘로 들어온다

그늘은 시간을 직선으로 자른다

밀려드는 햇빛에 허공이 조금씩 이동하고 있다

딸각 문 여는 소리가 났다

놀이공원의 대관람차가 멈추어 선다

무용수의 세워진 발끝

길 너머에 붉은 해가 투명하게 잠기는 바다가 있다
고 했다

일요일의 고독 4

나무가 마음 밖에서 조금 휘어졌다

고요라는 말을 다시 펼쳐놓는 오후

유골함이 도착했다

두개골 속 작은 뜰

벌어진 꽃잎

시간은 아직 어리고 잇몸은 비릿하다

겉은 붉고 안은 상하는 중

목까지 기억이 차올랐다

얼굴이 잠깐 나타났다 사라졌다

뿌리 뽑힌 흙 속처럼 아프다

허공으로 긴 계단이 놓이고 있다

바람이 나무로 불어왔다

유골함을 들고 똑바로 선다

흰 옷을 물들이며 피가 운다

사방이 믿을 수 없이 가벼워졌다

일요일의 고독 5

칼이여 우리가 이번에는
헤어질 수 있겠습니까

칼은 생각한다

당신과 나밖에 없습니다
세계는 헐겁고

당신은 붉은 잇몸을 가지고 있습니다

슬픔. 배어 나오는 것입니다 이미 배어 있는 것입니다
베는 것입니다

순간의 가설일지라도
적어도 매달려야 할 절벽은 나타나야 합니다

절벽. 닿고 있는 것입니다. 막 닿은 것입니다
절벽. 가르는 것입니다 끊어내는 것입니다

일자로 가르는 순간
몇 마디 말이 남겨진 속을 쑤셨을 수도 있습니다

그러나 알려주지 않은 출발이 있습니다
시계 방향으로 시계 반대 방향으로
긴 이별을 긁어내는 당신 안에서

닫혀 있는 뼈가 몇 개입니까
뼈들은 무작정 울부짖고 있습니까

한 달 동안 새를 보지 못했습니다
새들은 어디에 그림자를 쏟아놓고
돌아오는 중입니까

바람은 안을 채우는 법이 없어
안이 자주 흔들립니다

손은 아무것도 못 잡을 때 간절합니다
꽃 속에서 나오기까지가 꽃의 골몰한 생각입니다
칼은 닿기 전까지가 칼입니다

천천히 칼 속에서 칼이 나오고 있습니다

목소리의 끝

나는 왜 한 자세만 갖게 되었습니까

이렇게 빠른 끝을 생각한 건 아니야

어쩌니
두 손을 모으고 고개를 숙였을 때
몸에 온통 구름
몸으로 흘러든 구름
구름이 보인다면 아직은 진행 중이라는 것?
(구름이 멈췄다고 생각해본 적은 없니?)
눈앞이 이런데
등 뒤에는 구름이 웅성거리지 않는다고는
말할 수 없는 일

이렇게 끝
더 이상 진행되지 않는다는 것
시간은 한 방울도 남아 있지 않다는 것
뚝
이 이상한 단절을 어떻게 해야 하니
몸에 구름이 가득하단 말이야
몸을 파고 들어온단 말이야
몸이 온통 구름이면 펼쳐진 하늘이 있다는 것 아니야

(그런 도식으로 지내왔다니 놀라워)

어쩌니
벗어나고 싶었지만
뚝
몸에 와 멈춘 이 구름들은 어쩌면 좋니

(구름이 썩을 때까지
구름이 몸을 썩게 만들 때까지
글썽이는 척이라도 하면서
견디라고!
겉은 희고 부풀어 오르면서)

눈보라가 몰려온다고 생각할 거야

뚝
가지의 부러짐
호흡의 정지

폭설 때문이었다고
녹아내리고 있었던 걸
얼굴과 목은
서로 달라붙고 있었던 걸
흐느낌이
아니었다고

끝내 뼈는 남겠구나 아는 일

지겨웠다고

몸에서 뻗어 나온 손을 제 목으로 가져가면서
계속 항변하는 말

어떻게 이렇게 잔혹할 수가 있어요
(어디에 대고 한 말이니
도대체 여전히 믿었던 거야
어디가 있기라도 한 것처럼)

우습게도 그렇게 진흙 속으로 파묻히면서
진흙의 입으로 항변을 했다는 것
그러니까 진흙에 아예 묻히지는 않았다는 것
진흙의 목소리는 온통 진흙이라는 것
진흙의 목소리를 그 누구도 알아듣지 못한다는 것

잔혹했다고
그래서 천장에 매달린 빨래대에 목을 칭칭 감았다고
자꾸 발까지 빠지려고 해서
허공으로 몸을 꺼내야 했다고

발이 숨 쉴 수 있는 최소한의 허공이 필요했어

살가죽이 벗겨진 자화상

검은빛에 갇힌

길들. 제 스스로 몸을 구부려 돌아가고 있는 것
하루. 벽을 밀고 가는 것
한여름에 모포를 뒤집어쓰고 땀을 뻘뻘 흘리는 형국

물 빠진 뻘에 배가 여럿이다
바다 멀리까지 보인다
죽은 사람 산 사람 모두 여기에서는 보이지 않는다

 안이 들끓어 밖을 보지 못하는 것은 없는 안을 만들어내기 때문

 다시는 사람으로 태어나지 않을 것이다
 사람으로 태어난다 해도 나는 내가 사람인지조차 모를 것이다

식물인간의 고독

홀로 있는 자는 소란스럽다
끓는 기름이 튀었다

그림자 가이드북

찍어 먹어보면 짜다 다 쫄았다

만지면 버석거린다 모래만 남았다

펼쳐진 것은 아주 작다 우주와 같은 사이즈다

내막을 다 안다 길이 그 무엇도 모르게 멈칫한 순간을 알고 있다

음악, 태아, 구름과 같은 족속 의지와 무관하게 흘러나왔고 의지와 무관하게 버려졌다

아직도 출구가 있다고 믿는다 몸에서 먼 쪽으로 뻗고 본다

모르는 몸에 가서 겹쳐진다 겹쳐

져서는 떨어지지 않는다 낯선 것
이다 낯선 것들은 서로 붙는다

피 닦아, 빛 속으로 막 나온 어리
둥절한 몸에게 말한다

다리는 점점 길어지고 가늘어진다
끊어지려는 발목 속을 점점 가팔
라지는 허공이 힘줄로 버텨준다

벽에서 솟아오를 때가 있다 벽은
물렁하다 벽을 뚫고 나온다 파도
치지 않는 벽은 없다

뼈를 숨기기에 가장 완벽한 장소

흘러나오는 것은 계속 흘러나와
그런 건 어때?

불길한 것은 팔팔 끓고 있어

불길한 것은 순결한 것

구겨진 침대 시트 또는 다친 정신이 기억함

최초에 희고 빳빳하다
간혹 접혀 있는 곳도 빳빳하다
몸에 눌리는 곳도 몸이 꼼지락거리는 곳도
몸 밖의 여백도 희다
움직이면 면도칼이 스윽스윽 지나가는
소리가 난다
간혹 피를 볼 수는 있지만
눌려도 형체는 새겨두지 않는다
다시 당기면 팽팽해진다
오래 뒤척이면 구겨진다
구겨져서는 펴지지 않는다
소리는 빨아들인다 소리는 버석거린다
빨아들이는 소리 너머는
여전히 팽팽하다
소리는 구겨지면서도
구겨지는 소리 너머는 비운다
소리를 빨아들이면 희다
분비물을 빨아들이면 얼룩이 생긴다

같은 성질인지 끝까지 엉긴다
얼룩은 사라지지 않는다
얼룩은 바로 번지려 한다

강물로부터 온 편지

나를 읽어주시겠습니까
구름 뚫고 눈 비 옵니다
다시 강물 위를 쳐다보고 있는 나를
당신만이 읽어주시겠습니까
겹겹의 강물을 읽어주시겠습니까
강물은 모래만큼이나 많고 반짝입니다
나는 강물로 뛰어내렸습니다
신발을 벗어두고
다리 위로 올라섰습니다
신발의 앞을 어디로 향하게 할지
잠시 망설였습니다
나를 배웅하는 시선이
하나는 있었으면 했습니다
허공에는 모든 계절이 들어 서 있었지요
모든 계절을 통과하는 순간은
공기보다 더 가벼웠다고
세상이 잠시 번졌다면
강물의 흔들림이었다고

안녕, 일요일
도로
세탁소
핀란드식 식탁
어린 나무들과
숲을 뛰어다니는 영양들을
햇빛과 흙에 찔리는
영양들의 발바닥을 생각했습니다
어린 나무들을 헤치며
신발을 벗는 동안
엄마를 놓치고 서 있던
아홉 살의 시장 한복판을
생각했습니다
낯선 외국어 수업 시간
완벽한 우연
열세 번의 여름을 생각했습니다
그리고 나는
눈물에 젖는 속눈썹처럼

가라앉았다 떠올랐습니다
오늘의 날씨
전국 가끔 구름
이곳에서도 나는 다게레오 타입
극소량의 빛이 필요합니다

* 다게레오 타입: 최초의 성공적인 사진술.

해변의 복서 2

복서. 친다. 퍽퍽 소리를 내며
이빨 사이로
피가 터져 나오며
얼굴이 돌아가며 방향이 확 꺾이며
눈두덩과 볼이 부어오르며
복서. 맞는다. 퍽퍽 소리를 내며
꽃봉오리들이 터진다
꽃 속에 든 피와 살점이 툭툭 떨어진다
복서. 맞는다. 친다
복서. 턱이 돌아간다. 모서리마다
함성 소리가 크다.
바다는 동쪽이야. 꽃은 받아적는 중
비뚤비뚤

다물어지지 않는 입

맞아 터진 얼굴
팬티 한 장

터지는 플래시

이곳에 있는 나를 이해할 수가 없다

해변의 복서 3

얼굴을 가린 글러브
연두 아니면 초록
아무것도 들어 있지 않은 비밀

공터가 풀들을 이해하는 심정

버리지 않는 한
두 발
끔찍하게 따라오겠구나

굽히지 말아라 무릎

눈가에서 흘러내린 피가
입으로 다시 들어와도
멀리서 이미 카운트다운이
시작되었다고 해도

천이백 년 전부터
여기에서 썩어가는 중이었다 해도

어쩌면, 지동설

곧 한 번도 오지 않았던 아침이 올 거야
그 무엇에도 닿지 않아 소리가 없는
태양이 떠오를 거야
검은 고양이의 털 속에서 솟구쳐 올랐다는
물의 왼쪽 옆구리로 빠져나왔다는
아니 별들과 모래의 고독에서 새어나왔다는
아침은 투명하고
태양은 둥글고 빛은 비리고 나는
피 맛을 온몸에 뒤집어쓰고
당신의 동쪽에서 당신의 서쪽으로 걸어갈 거야
나는 당신에게서 흘러나온 뜨거운 그림자일지도
3만 광년 떨어진 거리에서 그리움으로
내내 타고 있는 당신일지도
당신 안에서 한 발도 못 빠져나온 당신의
흑점일지도

그렇다면 나는 어느 방향으로 가도 그것은
동쪽에서 서쪽으로?

당신에서 당신으로?
그렇다면 오늘도 나타나는 천 개의 태양은?
쉴 새 없이 땅속을 파고드는 발소리들은?
당신의 어디와도 닿지 않는
46억 년 전부터 계속된 나의 춤은?

제3부

잘려서, 플라잉

  오토바이와 트럭이 부딪쳤다
  오토바이에서 사내가 튕겨져 올랐고
  다리 한쪽이 포물선을 그리며 사내보다 더 높이 튕겨져 올랐고
  오토바이가 쓰러졌고
  사내가 바닥으로 떨어졌다
  다리는 사내의 몸과 반대 방향으로 떨어지더니 조금 더 굴러갔다

  잘린 다리는 신발이 신겨진 채로 나뒹굴었다
  무릎 위에서 잘린 다리는 낡은 운동화를 신고 있었다
  신발은 X자로 발을 꼭꼭 조이고 있었다
  신발 속에서 새끼발톱이 짓이겨졌는지는 보이지 않았다
  잘 채워진 순대 같은 무릎 속에서 그레고리성가처럼 피가 흘러나왔다
  뼈가 심겼던 무릎의 안도 둥글었다

차들이 잘린 다리를 피하며
다리에서 흘러나오는 피를 묻히며 지나갔다
타이어도 잘린 무릎처럼 닳아 있었다
사라지는 차들을 따라 핏자국이 생겨났다
무릎에서 흘러나온 피가 신발을 물들였다
신발 끈이 차들이 남긴 속도를 X자로 묶고 있었는지는
짓이겨진 발톱 안으로 피가 다시 흘러 들어갔는지는 보이지 않았다
하늘과 바닥이 동시에 펄럭이는 듯도 했다
새들이 똑같은 포즈로 똑같은 높이를 가로질러 갔다
새들이 두고 간 새들의 길은 보이지 않았고

갑자기 사내의 몸에서 피가 뿜어져 오른 그 순간
잘린 다리가 제 그림자로부터 튀어 올랐다
사내는 없어진 다리 쪽이 아니라
붙어 있는 다리에 두 손을 갖다 대고 비명을 지르기 시작했다

야…………!

자동차가 급브레이크를 밟으며
헤드라이트 빛 속으로 쭉 미끄러졌다
질긴 빛은 찢어지지 않고 힘줄처럼
타이어에 달라붙었다
밤 12시 적막한 간선도로
1차선 속에 자동차는 멈췄다
시속 120킬로미터로 따라오던 길들이
경주마의 무릎처럼 꺾였다
켜켜로 쌓이면서 구겨졌다
여전히 자동차의 미래로 뻗어 있는
헤드라이트 빛은 비린내 같기도 했고
짐승의 흐느낌 같기도 했다

고양이는 왕복 4차선 도로를
가로지르고 있었다
오른쪽 앞발을 바닥에 막 내려놓는 중이었다
뒷발이 살짝 들려 있었다
헤드라이트 빛은

고양이의 몸 너머까지 들이닥쳐 있었다
고양이가 불빛을 향해 돌린 목은
그대로 오그라들어 있었다
눈빛은 어둠 속에서 가까스로 붙잡은 1초 같았다
네발짐승을 따라오던 길이 비틀리며 뒤엉켰다

자동차와 고양이 사이 어둠은
제 입을 틀어막고
(빛 속에 웅크린 것을 발견한 순간 타이어는 비명의 속도를 어떻게 멈추었을까 작은 몸을 향해 돌진하던 불빛을 어떻게 놓치지 않고 다시 끌어당겼을까 길에 대한 기억만큼 닳고 닳은 타이어는 소용돌이를 붙잡는 순간에 이미 쿨럭대는 꿈틀거리는 짓이겨지는 작은 몸을 느꼈을까 그때에는 검은 타이어도 제 아래가 흥건했을까)

자동차와 고양이 사이에서
허공은 오줌보가 터질 것 같고

(브레이크 밟는 소리를 듣는 순간 고양이의 몸 안은 어땠을까 불빛이 몸속으로 달려오는 순간 네발은 각각 다른 방향을 어떻게 붙잡았을까 고양이는 빛 밖의 어느 방향으로 뛰쳐나가야 할지를 생각했을까 몸을 돌릴 단 한순간이 허락되지 않을 수도 네발이 오도독 뭉개질 수도 몸 안의 것이 터져 나올 수도 있다는 것을 고양이는 알았을까 그래도 야옹 울음소리는 금처럼 몸을 빠져 나가게 했을까)

  한밤
  얇디얇은 테두리
  네발짐승 둘

  최초의
  눈빛과 불빛이 닿은 한순간
  거기, 세상의 끝

  * 야!: 이상선의 미술 작품 제목.

맛있어요!

동시 신호 직전 횡단보도 앞에 어떤 짐승의 배가 터져 있다 터진 모든 순간은 폭죽이라 어리광 같은 네발은 허공을 놓지 않고 있다 어둠에 파먹힌 눈을 반짝이며(어둠이 파먹은 것들은 반짝인다) 고양이 한 마리가 나타난다 터진 몸 안으로 머리를 들이민다 안을 핥는다(샘물을 먹을 때처럼 혀가 단 소리를 낸다) 날것의 맛을 아는 혀와 날것의 맛을 알던 살이 닿는다(가르릉거리는 목구멍과 가르릉거리던 목구멍이 하나씩 뚫려 있다) 산 짐승이 아직 뼈가 놓아주지 않는 살을 이빨로 뜯는다 산 짐승이 죽은 짐승의 살을 씹는다(산 짐승이 산 짐승의 살을 씹어 삼킬 때도 있다) 죽은 짐승은 마지막 숨이 제 몸에서 나가던 때의 표정을 바꾸지 않는다 산 짐승은 제 살을 비집고 나온 울음을 죽은 짐승의 배 속에 떨어뜨린다 여전히 어리광처럼 마주 보고 있는 네발들이 들어 있는 길이 젖 냄새를 풍기며 동그랗게 비어가고 있다

여자는 몸의 물기를 닦는다

목욕탕의 대형 거울이 알몸의 여자를 정면으로 비춘다 여자의 왼쪽 유방이 있어야 할 자리가 납작하다 유방을 들어낸 자리에 가로로 흉터가 나 있다 뜨거운 시간에 닿았었는지 살이 오그라들었다 뜨거운 시간은 밀봉되는지 흉터가 달라붙은 입 같다 두 개의 유방을 가진 여자들은 재잘거린다 힐끔힐끔 여자의 시간을 빨아 먹는다 이내 뱉어버린다 여자는 수건을 들어 몸의 물기를 닦는다 왼쪽 유방이 있던 자리에서 여자의 손이 멈칫한다 여자는 없는 왼쪽 유방이 무겁다 없는 왼쪽 유방이 출렁거린다 유방을 도려낸 시간으로 여자는 뜨겁게 출렁거린다 유방을 남겨둔 시간으로 여자는 차갑게 출렁거린다 펄펄 끓는 손의 기억으로 여자에게 유방이 솟아오른다 오른쪽 유방이 제 그림자를 왼쪽 유방의 자리에 가만가만 드리워준다 왼쪽 유방이 머물던 자리가 불빛을 둥글게 담는다 빛과 어둠으로 빚은 달항아리가 여자의 몸에서 탄생한다

심야 택시

세 대의 택시가 차례로 밤 속으로 들어선다
택시들은 어둠을 밀어낸 자리에서 다시 어둠이 된다
텅 빈 도로에는 질주의 흔적만 가득하다
택시들은 가장 위쪽 사각으로 오린 어둠에
빈 차라는 표시를 해둔다

건너편 오래된 호텔은 직각으로 서 있다
어둠에 묻힌 창들 속에서 불빛 하나가 켜진다
밀폐된 사각 안에 여자가 들어 있다
어둠은 뜨겁고 불빛은 가파르다
여자는 창을 연다 불빛 너머로 손을 뻗는다
밤 속으로 손을 휘젓는다

택시

택시

택시

아래를 보며 빈 차를 차례로 잡아본다

여자는 불빛 속에서 풀어지고 있다
뻗고 있는 손가락이 선명해진다
구불거리는 불빛은 없다
여자의 그림자가 여자의 몸을 벗어난다
허공이 여자의 머리를 낚아챈다
기억이 많은 난간이 그림자를 붙든다
여자의 몸은 빡빡한 허공을 뚫고 가파르게 떨어진다

세상에서 가장 가벼운 새

세상 속으로 솟구쳐 올랐던 것처럼
세상 속으로 솟구쳐 내렸다

여자의 몸은 택시까지 가지 못하고
중앙선을 밟고 놓여 있다

여자는 한쪽 눈을 뜨고 있다
몸에 둘둘 말았던 시간이 잘게 깨져 있다
여자의 몸에 써져 있었을 목적지를 읽을 수가 없다
난간에 붙잡힌 그림자가 헐렁해진다
여자의 피가 택시 쪽으로 흘러 들어가고 있다

눈동자를 열어줘
세상에서 가장 아득한 거리로
그림자가 떨어져 내린다
세 대의 택시는 퍼덕이는 붉은 말
빈 차를 달고
검은 시간 안으로 굳고 있다

어둠의 가장 아래쪽에서 벌어진 일이었다
깊은 밤이 터뜨린 폭죽이었다

쿠키들의 접시

바삭,
부서질 수도
퉁퉁 불어터질 수도
분비물까지 뒤집어쓰면서

나는 쿠키입니다 불의 뜨거움으로 탄생한
나는 사랑입니다 그러니
울겠습니다

눈물도 없이

여행용 가방 속
덜컹거리면서
저며진 살
비좁은 통로
교통량이 점점 늘어간다
흐릿한 밤
달이 내내 따라오고 있을 것

파도 소리를 상상했어요

벽은 빛마저 빨아들인다

이런, 또 사막에 놓일 줄이야
모래는 내 안에도 충분하다고!

그럼에도 불구

잘린 곳에서 음악이 시작된다

오르거나 내려오는 것들은 감추고 있다

위에서부터 쏟아졌다

사랑해 머물 수 없는 곳에서부터
사랑해 너머의 얼굴
끝에 있어요
사랑해
없는 테이블 아래

그럼에도 불구
그러니까
그럼에도
불구

주저앉은 게 아니야 다리가 없을 뿐

가정법의 세계

사랑은 내장으로부터 풀려났다

조금만 더 가보자
더더 투명해지면 부딪칠 거야

'설탕' 지나 '껍데기' 찾기

ㄱ자로 구부러진 골목을 찾아요
입구의 쇼윈도에 몸 없는 머리가 가득해요
계속 걸어요
조금만 내려오면
팔 다리 머리 다 잘라버린 토르소가 있어요
내내 그 자리에 있었어요
피 냄새는 사라진 지 오래니 걱정은 하지 않아도 좋아요
곧 횟집이 나와요
핏물이 길로 흘러나와도 그냥 걸어요
그때부터 내리막길이에요
미끄러지면 미끄러지는 대로 걸어요
녹슨 간판에 설탕
쌀알을 이어 붙인 것 같은 모양이에요
설탕 작은 창을 색색을 이어 붙인 천이 가리고 있어요
속을 궁금해하지 말아요
당신도 달게 녹는 살을 가지고 있어요

주춤거리지 말고 계속 걸어요
거기만 지나면 바로 우리가 보여요

(나는 몸 없는 머리였다가 팔 다리 목 잘린 몸통만 남은 토르소였다가 핏물이 고인 바닥이었다가 녹는 살을 가지고 설탕까지 왔는데 어디에서 타는 냄새가 나긴 나는데)

다시 잘 들어요
맨 처음으로 돌아가요
머리 토르소 핏물을 지나
설탕을 지나면 바로
껍데기예요 껍데기
(무슨 껍데기요?)
아무것도 안 붙은 껍데기요
그 껍데기 안에 우리가 보여요
우리는 살타는 냄새에 동그랗게 둘러앉아 있어요

규격 묘비명 21
── 성격대로, 입맛대로 골라 쓰는 재미

1) 불법으로 태어나 적법하게 살다 불법으로 가다

2) 한때 머물렀다는 증거(말소된 주민등록번호)

3) 느닷없이 태어나
  (두 다리가 영문도 모른 채 꼼짝없이 붙들리기 전까지는)
   내내 스스로 구속하다가(년 개월)
   문득 가다(사지를 여럿에게 각양각색으로 붙잡혔어도)

4) 가까스로 몸뚱이 벗다

5) 죽어서까지도 혈연에서 못 헤어날 줄이야

6) 잠들다 피 몸 안에서 굳은 채
   들어온 숨 내보내지 않은 채 쌓여 있는 말도 다수

7) 뼈도 탑디다 뜨거웁디다 안 타는 것 없습디다
   (화장에 한하여)

8) 잘 썩어가고 있습니다 갈증이 심하지는 않습니다
   (매장에 한하여)

9) 섰다 누웠다 앉았다 세 가지만 했다

10) 살아서 비겁했고 죽어서 용감한 자 여기 잠들다

11) 살아서 무거운 것이 많아
    죽어서는 공포스러워진 자
    여기에서 부풀어 오르다

12) 살아서 복잡했고 죽어서도 복잡한 자
    여기 와 소란스럽다

13) 멋진 골격의 소유자

14) 묵묵부답

15) 신출귀몰 전문, 전직 사람

16) 돌이킬 수 없는 한순간

17) 꼭 한 번만 다시 만나고 싶어(라고 말한다면, 나도!)

18) 세상 웃기고 무시무시했다

19) 마음껏 낙서하시오

20) 지구에서 우주까지, 내내 관념론이었다오

21) 끝까지 저항한 흔적

NEW, 전지구적 파프리카

우루루 굴러나왔죠
동시에
페루에서도 칠레에서도 아프리카에서도
아이슬란드에서도
베이징에서도 산타페에서도 제주에서도
아! 반투명의 허공에서도

동시에,

비타민 C가 가득해요!

너도 나도 양손에 집어 들고 베어 물기 시작했죠
아삭아삭 씹히는 맛도 다른걸

동시에,

최후의 머리들이에요!

목구멍에 손가락을 넣고 꽥꽥거리며 구역질을 해 댔죠
이런 이런 미칠 듯이 삼킬 때는 언제고

동시에,

복음이에요!

비닐봉지에 담고 보자
색깔은 구별해서 무엇하니 누구 하나 다치면 안 되잖니
한쪽 눈동자에 의심을 다 숨기지는 못하고

더 이상 참을 수가 없었어요
뜨거워서
터져버렸어요

동시에 우리는

힘껏

빨간 입이에요 쩍 붙여버릴 거야
노란 입이에요 쓱 베어버릴 거야

다시 한 번
대꾸할 틈도 없이

동시에,

비닐봉지를 허공을
열어보세요 검색대에 올려보세요
걷어내보세요
별 총 꽃 밀림
보도블록

눈물이 찔끔 난 것은
다이빙의 기억이 솟구쳐 올랐기 때문

동시에
우리는 뛰어내렸죠
높고 깊고 평등한 초록이 시간이라고 굳게 믿었기 때문이죠

세상에, 평평했어요
트렁크 바퀴 구르는 소리가 요란했죠

구르는 거죠
뛰어내릴 때 안과 겉이 뒤집혔을지도
새로운 색깔론으로 몰렸을지도 모르지만
통로는 언제나 지금보다 조금 아래에 있다는 것을 알아요
몸은 소리보다 늘 한발 늦게 도착하죠

우리는 동시에

날카로운 칼끝을 넣어주세요
반으로 갈라보세요

눈빛이 칼날과 똑같이 반짝일 때

시린 바람이 새어 들어오고 있었어도
우리는 동시에
명랑하게

텅 비어 있어요!!

텅 빈 것에 열광했다니
속도 없는 것을 씹고 있었다니

그런 말이 나오기도 전에

당장에 내팽개쳐졌어요

소리보다 몸이 먼저 도착하다니!

우루루,
그러나 우리는
여전히 색깔론자들

공격하겠습니까
공손하겠습니다

파는 백합과란 말씀

피망의 관점에서 보자면

노란 파프리카
빨간 파프리카
주홍 파프리카

모두 적극 가담으로 분류되지만

그러는 너 피망!

고추의 입장에서 보자면
단고추로 변질된 시기도 미상인
요주의 종자로 분류되지만

감자 가지 토마토 후추 고추 모두 거느린
가지과의 시선에서 보자면

정원에 심으면 관상용

밭에 심으면 한순간에 식용으로 몰 수 있는

고추 너!

결실인 열매의 입장에서 보자면

파가 가득한 파밭에서
왜 방향만 자꾸 따지고 있는 거냐
입장부터 안 되잖아
파의 방향 속에 파를 넣지 말고
파를 보란 말이다
파란 그런 것

파……는 백합과란 말씀
가진 거라곤 파밖에 없어서
파라면 무조건 편파인
파 밑 흙이 주장하길

당신
당신은
좌파도 우파도 아닌 편파
편파는 절뚝발이

조금 짧은 다리와 조금 더 긴 다리는
함께 가지고 있는 것

편파가 가장 애틋하고 무례한 분류법이라고 한다면

그것은 편파로 싹을 틔워온 나!
흙이 가진 고유 권한

그러니 당신
당신
또 거기 당신
좌파도 우파도 아닌 편파로
전 생애 동안

당황하고
눈물 나고
절룩일 때
최고의 축복

고추 열매는 당신(唐辛)이라고도 부르는데

당신도 당신이 열매가 아니라고는 생각하지 않지요?

어린 왕

의자도 크다 옷도 크다 신발도 크다 어린 왕은 방을 서성인다 방은 너무 크다 양손을 주먹을 꼭 쥐고 양 한 마리 양 두 마리 어린 왕이 그런 숫자를 셌으면 좋았겠지만 천장이 하나 바닥이 하나 벽이 셋 칼날 같은 모서리는 넷 창이 있어도 블라인드는 필요 없겠군 문은 저 멀리 있으니 내가 열고 닫지 않아도 되겠군 어린 왕은 방의 수 읽기에 들어갔으니 어린 왕은 당신의 기대와는 달리 순결하지 않았으므로 더럽혀지지 않는다

어린 왕의 방에서는 기척이 없다 한동안 그것을 어린 왕의 침묵이라고 불렀으나 어린 왕의 수 읽기는 결과물이 없었다 어린 왕은 다만 바라는 것이 없었다

문의 멀리로부터 어린 왕이 미친 듯이 웃는 소리가 들려온다 문 밖에서는 어린 왕의 웃음이 끝날 때까지 계속 박수를 친다 모호한 시간을 가리려는 것인지 어린 왕을 비웃는 것인지 의도는 드러나지 않는

다 웃음도 박수도 기침도 충동에서 비롯된다는 것

어린 왕의 몸에서 늙은 왕이 잠을 깬 것은 그 순간 알몸의 늙은 왕은 어린 왕의 몸속에서도 왕관부터 챙겨 쓰는 것만은 잊지 않는다 창 앞을 서성이는 어린 왕의 머리는 고통을 못 이긴 살이 솟아오른 것처럼 보였지만 당신의 기대와는 달리 어린 왕은 정신 안에서도 왕관을 쓰는 법이 없다

어린 왕은 자라지 않는 왕 어린 왕은 피보다 붉은 눈물을 뿌리는 왕이라는 당신의 기대와는 달리 어린 왕의 눈 코 입은 얼굴만 파고든다 팔과 다리는 몸을 비집고 들어간다 허리가 굽은 늙은 왕에게 의자가 필요한지도 모른다는 기대와는 달리

어린 왕은 다만 고독의 왕 방은 너무 크다 비트 벙커 로버트 알 수 없는 이름들을 불렀을 것이라는 기대와는 달리 어린 왕은 점점 줄어든다 방은 점점

커진다 그러므로 어린 왕은 점점 고독해진다 엄마 아빠 집사 이런 호칭들을 벽에 가득 써놓았을 거라는 당신의 기대와는 달리 문이 활짝 열렸을 때 어린 왕은 문에서 그리고 벽에서도 멀리 있었다 단 하나의 얼룩 모든 시간에 침묵 작게 쪼그라든 한 점은 더럽혀지지 않았으므로 깨끗한 죽음이 되지도 않는다

사람들은 아파트의 어디에 큰 개를 기르는가

사람들이 큰 개를 끌고 나온다 사람들은 아파트의 어디에 큰 개를 기르는가 허공에게 아파트는 어떻게 규정되는가 큰 나무의 꼭대기와 나란하게 떠 있는 곳에서 개들은 개들의 표정을 어디에 숨겨두는가 투신의 표정이 붐비는 아파트의 풀밭은 무성하다 수백 개의 서랍이 꿈틀거리는 몸뚱이를 보았다니까요 밖으로 열리는데 밖에서 잠기기도 한다니까요 길들여진다는 것은 목소리가 없어진다는 것 항상 같은 비밀번호를 눌러야 문은 열린다는 것 개들은 가지런하고 윤기 나는 털들과 같은 한 가지 표정을 가진다 목소리가 없어진다는 것은 여전히 목소리가 나오는 줄 알고 턱관절을 움직이는 것 먹을 것만 내밀면 침을 질질 흘리는 것 아파트가 한 자세로 있을 수 있는 것은 허공이 자세를 바꾸지 않기 때문이다 개들이 공원의 풀밭을 걷는다 네 다리와 머리를 꼿꼿이 세우고 하이힐 포즈는 아파트가 가르쳐주었죠 개들은 관대하고 관능적이다 개들의 항문을 졸졸졸 사람들이 따라간다 뾰족뾰족 잘린 발가락이 수도 없이 펼쳐진 풀밭 뼈에서 살만 바르듯이 바람이 오른쪽으로 훑는다 입을 크게 벌리며 흰 개가 달리기 시작한다 똑같은 포즈로 맞은편에서 달려오는 누런 개를 향해 가지런한 털 밑에 숨겨두었던 표정들이 솟아오른다 목소리가 없어진 줄 모르는 개들에게 끌려 목소리가 없어지지 않은 줄 아는 사람들이 달린다 마주 선 개는 입을 점점 크게 벌리면서 서로에게 달라붙으려 한다 애타게 짖는데 짖는 시늉이 된다 더 크게 짖어라 얼굴이 밖으로 흘러넘치도록 볼륨은 이미 0에 맞춰져 있다

목줄을 잡아챈 사람들이 큰 개를 끌고 보도

블록을 지나 아파트로 돌아온다 길들여진다는 것은 금방 다시 관대해지는 것 보도블록을 걸으며 개들은 뼈를 털 속으로 정돈한다 보도블록은 왜 자꾸 교체되는가 보도블록의 무늬는 어디까지 반복되는가 큰 개도 보도블록도 신호등도 말이 없다 목소리는 어떻게 말을 만들어낼 수 있나요 아파트는 허공의 목소리가 만들어낸 허공의 가설이어서 엘리베이터가 멈출 때마다 개와 사람이 어둠 속으로 사라진다 불빛을 쌓아올린다 쌓는 순간 무너질 운명을 새로 가지게 된단다 그래도 목소리는 어떻게 말을 만들어낼 수 있나요 허공은 관대하고 관능적이다 목소리가 제거된 개들은 허공에서 배운다 머리를 치켜세우고 목을 쭉 뽑고 울지 말아라 교양인은 큰 소리로 말하지 않는 법이란다 교양견은 소리 내어 울지 않는 법이란다 눈부시게 추락하는 꽃들 저것이 꽃나무의 목소리다

봄밤의 아파트

2504호 여자와 남자가 서로의 살 속으로 손을 쑥 넣는 봄밤입니다 어쩌자고 창자가 딸려 나오는 봄밤입니다

2404호 여자와 남자가 키스를 하는 봄밤입니다 어쩌자고 달라붙어야 할 입술이 자꾸 떨어지는 봄밤입니다

2304호 여자와 여자가 서로의 목을 쭉쭉 빠는 봄밤입니다

2204호 여자가 몸의 왼쪽을 기댈 곳이라고 믿는 벽에 댄 채 잠이 든 봄밤입니다

2104호 졸음이 쏟아지는 남자와 여자의 박동 소리가 어쩌자고 따끔따끔 서로를 찌르는 봄밤입니다

2004호 깜깜한 창에서 짐승의 냄새가 진동하는 봄밤입니다

1904호 남자가 제 허벅지에 코를 박고 킁킁거리는 봄밤입니다

1804호 남자가 여자의 살에서 아무 냄새도 나지 않아 의아한 봄밤입니다

1704호 여자가 남자의 살에서 모르는 냄새가 난다

고 비명을 지르는 봄밤입니다
1604호 남자와 여자가 여기저기에서 미친 듯이 무엇인가를 찾고 있는 봄밤입니다
1504호 남자가 거울 속으로 투신하는 봄밤입니다
1404호 여자들이 기억을 동시에 뱉어버리는 봄밤입니다
1304호 여자들이 입속에 넣고 살살 굴리던 상처를 터뜨린 봄밤입니다
1204호 앞으로 하늘이 막무가내로 몰려오는 봄밤입니다 구름까지 쏟아놓고 새파래지는 봄밤입니다
1104호 여자가 벽걸이 TV 아래 걸린 십자가 앞에 무릎을 꿇고 앉아 구원을 갈구하는 봄밤입니다
1004호 남자들이 플라스틱 통에 넣은 창자들을 버무리는 봄밤입니다 손이 화끈거리지도 않는 봄밤입니다
904호 선잠에서 깬 여자와 남자가 서로의 창자를 뽑으며 깔깔거리는 봄밤입니다
804호 여자와 남자의 심장이 각각 다른 속도로 뛰고 있는 봄밤입니다

704호 껴안고 있던 남자와 남자가 각자의 몸으로 다시 돌아가고 있는 봄밤입니다
604호 텅 빈 집을 텅 빈 벽이 둘러싸고 있는 봄밤입니다 놀이터의 그네들이 쇠줄을 나란히 멈춘 봄밤입니다
504호 남자와 여자가 벽을 사이에 두고 뒤척이는 봄밤입니다 모서리는 여전히 뾰족하고 벽은 단단한 봄밤입니다
404호 세탁물 바구니에 낯선 그림자들이 넘치는 봄밤입니다
304호 여자와 남자가 어색하게 서로의 살에 양 손을 막 갖다 댄 봄밤입니다
204호 베란다에서 지난해 죽은 여자가 꽃밥을 퍼먹고 있는 봄밤입니다
104호 창들을 나무 그림자가 뒤덮은 봄밤입니다 블라인드에 꽃망울 그림자가 수도 없이 돋아나는 봄밤입니다

배수관으로 층층의 분비물이 섞여 내려오는

폭주족들의 오토바이 굉음이 아파트 벽을 뚫고
날아오르는

봄밤입니다

짧게는 10분 길게는,

얼굴을 하나씩 들고
옆으로 옆으로
얼굴이 팝콘처럼 펑펑 터진다
벌컥벌컥 넘친다
그런 얼굴을 하나씩 들고
옆으로 옆으로
시간은 앞으로가 아니라
옆으로 옆으로
하늘이 존재하는 이유
땅이 있는 이유
여기는 펼쳐진 페이지
봄은 여름으로 여름은 가을로
밤은 낮으로 당신은
엄마로부터 엄마는 할머니로부터
옆으로 옆으로
하나씩 들고
당신의 얼굴은 엄마의 목에 달라붙고
에구머니 네가 왜 왔니

엄마는 할머니에게 가 붙는
그런 재미있고 조금은 단순하고
조금은 끔찍한 놀이
내내 성모성월,
시간이 돌리는 수건 놀이

제4부

1분 후에 창이 닫힙니다

59 저기요

58 몸 안에서 몸이 썩고 있어요

57 내 몸에서 파낸 것은 어디 두었나요

56 *마지막 숨을 토해내라*

55 *구멍이 모두 막힌다*

54 *마지막 숨을 뱉어내라*

53 올해의 첫날은 월요일에 시작되었어요

52 올해의 첫날은 늘 추웠어요

51 눈을 감으면 먼 안에서 내가 끓고 있었어요

50 *어서 그림자 속으로 들어가라*

49 ············

48 지겨워

47 다 똑같아 똑같은 죽음

46 소등 점등

45 겨우 희미한 문턱

44 뼈

43 살

42 *피 쏟아라*

41 가죽 벗겨라

40 심장 던져라

39 발

38 오그라든 것

37 손

36 오그라든 것

35 그림자 물컹해

34 살이 타들어가기 전

33 몸에서 몸이 빠져나가기 전

32 여기가 어디냐

31 식은 기름이 둥둥 뜬 육개장

30 7호 작업 중

29 몸 안의 것을 꺼내지 마라

28 고작 울음 따위

27 뜨거워

26 그림자 속, 뜨거워

25 미쳤구나

24 깜깜해

23 몸 밖에서 울부짖는 소리가 들려요

22 스미지 않고 미끄러져요

21 *가죽을 벗겨내라*

20 몸속에 걸어온 걸음 수가 다 들어 있다

19 몸 밖으로 나갈 수 없어요

18 *마지막 숨을 뱉어내라*

17 입은 어디 갔나요

16 목소리는 어디 있나요

15 내가 끓고 있어요

14 내가 타고 있어요

13 문이 한 뼘

12 딱 한 뼘

11 *다 타기 전*

10 *뼈를 골라라*

9 너무 늦게 왔구나 밤이여

8 너무 일찍 왔구나 어둠이여

7 다뉴브 강의 잔물결 오늘의 끝곡입니다

6 바람이 다 가렸어요

5 멈추지 말고 흘러라
4 강물이여
3 바람이 다 가렸어요
2 나는 너의
1 ················
0 ― ― ―

거울에서 얼굴이 탄다

얼굴이 꽃봉오리로 터지며 탄다 터지는 꽃봉오리에서 살 냄새가 난다 눈이 기억을 붙잡고 탄다 글썽이며 탄다 귀가 거울을 떠다닌다 거울은 소리를 지르지만 거울 안에 소리가 생겨나지 않는다 썩을 사이도 없이 거울을 파내고 그곳에 묻힌 얼굴이 탄다 얼굴 안에 웅크리고 있던 얼굴의 그림자는 얼굴과 하나도 닮지 않았다 뼈에 붙은 제 살을 뜯어 먹는 그림자의 입은 헤져 있다 거울이 아기를 잃어버린 어미처럼 흐느낀다 사라지는 냄새를 붙잡고 얼굴이 탄다

얼굴이 얼굴을 빠져나간다

얼굴은 벼랑인데 얼굴에서 얼굴이 빠져나가 얼굴은 비명인데 빠져나가는 얼굴은 얼굴에 그대로 있어 붙잡는 목소리를 흐느끼는 손을 얼굴은 알았겠지 목소리는 손은 물컹한데 스밀 수 없었던 것은 얼굴이 차마 닿지 못했기 때문이야 얼굴을 빠져나가는 동안 얼굴은 내내 뜨거웠을 거야 캄캄했을 거야 소용돌이였을 거야 아무 기척도 들리지 않는 1초가 계속되었을 거야 그러나 나는 조금 다른 포물선을 그리며 날아가는 새처럼 얼굴은 그렇게 얼굴을 빠져나갔다고 생각해 그렇지 않다면 어떻게 내가 얼굴 안에서 울 수 있겠니

뼈만 남은 자화상

그림자를 삼키다

소고기 다섯 근을 사서 신문에 둘둘 싸서 방에 두고 그림자를 삼키고 낮밤 없이 잠만 자다 살 썩는 냄새가 나다 몸 안에서 그림자는 자꾸 꿈틀거리고 그러나 꿈은 길이 아닌지 아무도 찾아오지 않다

귀를 자르다

새벽빛이 차오르는 방에서 왼쪽 귀를 자르다 자르지 않은 오른쪽 세계가 한순간에 고요해지다 아직 귀가 남아 있는 오른쪽 세계로 몸이 기우뚱하다 피가 빠져나가는 몸이 식물처럼 순해지다 잠시 머뭇거리다 오른쪽 귀도 자르다 모든 세계가 다시 시끄러워지다 양쪽 귀를 자르는 데는 고작 2분 모든 세계가 다시 시끄러워지는 데도 고작 2분 몸에는 어디랄 것 없이 귀가 나팔꽃처럼 피어나다

거울로 뛰어들다

몸에서 낯선 숨소리들이 들리다 신들이 돌아와 내 살

을 쭉 뜯다 먹지는 않고 거울 밖으로 뱉어버리고는 뼈마다 잠들어 있다 말라버린 신들은 자궁은 두고 난간에 웅크리다 신들은 얼굴이 없어 구별이 되지 않고 뼈만 남은 나는 신들 안에 숨어 춥다

* 그림자를 삼키다: 천성명의 조각 작품 제목.

두부 같아요, 당신

추워
나는 당신의 옆구리에 손을 넣어
내 왼손은 당신의
오른쪽 옆구리 속으로 쑥 들어가
내 손은 잔인하구나
당신의 옆구리는 두부 같구나
손은 뜨듯한 것들 속으로 들어가
당신의 옆구리는 어둡구나
적막하구나
한 번도 다다른 적 없는 자리에
손이 닿아
나는 움직일 수 없었을 뿐인데
당신의 몸 안을 잡고 있었을 뿐인데
손에 살이 달라붙어 조금 울어
또 조금 울어
내 손은 당신의 깊은
주머니가 되는구나
일단 당신의 방향으로 와봤거든

입 모양을 만들 틈도 없이
당신의 가장 안쪽을 찌르고 있는
칼끝이 되는구나

우리가 처음 만났을 때

내 왼팔은 당신의
오른쪽 주머니까지
내 왼손은 아주 먼 당신의
오른쪽 주머니까지
당신에게로 가는 동안
당신의 오른쪽 어깨와
내 왼쪽 어깨가 부딪쳤을지도
(먼 세계가 나란히
부딪치기도 하니?)
당신의 주머니 속에서
보이지 않는 내 손은
당신의 보이지 않은 손을 꼭 잡고
캄캄한 주머니 속에서
당신의 손가락 사이에 내 손가락을
꼭 끼우고
어쩌면 좋아
서로 다른 열 개의 손가락
(다른 세계가 서로의

안으로 쑥 들어오기도 하니?)
당신에게 가까워지려고
계속 늘어나는 내 왼팔은 몸에서
자꾸 멀어지고
몸과 가장 먼 곳에서
누르면
소리를 내며 튕겨 오르는
시간
시간의 해변
내 몸에서 가장 먼
당신의 가장자리
거기가
우리가 닿은
처음
그러나 당신과 나는
꼭 잡은 손부터
해변처럼 잠겨가는 거니
내 왼팔은 점점 잠겨가는

맥박을 놓치는

당신의 손을

나는 그저

당신의 손을 붙잡으려고

당신의 왼쪽 뺨

해 지는 강변에서 당신을 기다렸어요
해는 하늘을 물들이고 강물을 물들이고
오른쪽 어깨 너머로 순환선이 지나갔어요
나는 풀밭에 있었어요
몸 안으로 뜨거운 것이 자꾸 밀려들었어요
새들이 날아갔어요
강물 소리를 들었어요
나는 당신을 기다렸어요
당신의 감추어진 손과 입술과 두 발과
목소리를 기다렸어요
당신의 손가락 끝에서
당신의 입술 가장자리에서
불타오르는 하늘 아래에서
출렁이는 강물의 끝에서 나는
당신의 손가락이 놓일 그 자리에서
당신의 두 발이 멈출
당신의 눈동자가 나타날 그 자리에서
당신을

내 왼쪽 뺨에 닿을 당신의 왼쪽 뺨을
기다렸어요
당신은 아직 오지 않고
밤이 되고 봄이 되고 겨울이 되고 눈이 왔어요
허공 속에서 얼굴이 지워진 몸들이 자꾸 걸어 나와요
내 몸에 달라붙어 흐느껴요
풀밭은 점점 넓어지고
당신은 아직 오지 않고
그러니 당신은 여전히 내게 오는 중이고
퉁퉁 불어가는 몸으로 나는
당신을 기다리고 있어요

턴테이블

물에 빠진 그림자를 건지려 했어요
당신은 줄줄 새고 있어요
그물만 남은 손으로 입술을 가리다니
빈 새장을 놓치지 않았다니
그림자가 생겨났기 때문이에요
발은 땅에 너무 오랫동안 매달렸어요
죽은 사람들 썩고 있어요 몸에서 작은 점처럼
잘 지내?
단풍 든 나무가 보이기도 하니?
허공을 혼자 딛고 있는 것
두렵기도 한 거야?
필사적으로
오른팔을 들어 머리 위에 얹었어요
그러지 않으면 견딜 수 없었어요
죽은 사람과 정신을 나눠 쓰며
방으로 다시 돌아오는 길
허공이 깊어져요
허공을 다니는 것들에서

땅속 냄새가 나요
창마다 불이 켜지는데
누구도 혼자라는 것이 이상해
그런 생각을 오가다
손발이 멈췄어요

목소리들

돌, 거기까지 나와 굳어진 것들
빛, 새어 나오는 것들, 제 살을 벌리며
벽, 거기까지 밀어본 것들
길, 거기까지 던져진 것들
창, 닿지 않을 때까지
겉, 치밀어 오를 때까지
안, 떨어질 곳이 없을 때까지
피, 뒤엉킨 것
귀, 기어 나온 것
등, 세계가 놓친 것
색, 파헤쳐진 것, 헤집어놓은 것
나, 거울에서 막 빠져나오는 중,
 늪에는 의외로 묻을 게 많더군
너, 거울에서 이미 빠져나온,
 허공에도 의외로 묻힌 게 많군
눈, 깨진 것, 산산조각 난 것
별, 찢어진 것
꿈, 피로 적신 것

씨, 가장 어두운 것
알, 거기에서도 꼭 다문 것 격렬한 것
뼈, 거기에서도 혼자 남은 것
손, 거기에서도 갈라지는
입, 거기에서도 붙잡힌
문, 성급한, 뒤늦은, 때늦은
몸, 그림자가 실토한 몰골
신, 손가락 끝에 딸려 오는 것
꽃, 토사물
물, 끓어오르는
칼, 목구멍까지 차오른
흰, 퍼드덕거리는

트랙—출산

허공에 몸을 넣고 다닌 지 오래되었어, 허공이 몸을 감싸며 점점 부풀어 올라, 끔찍한 것을 알아버린 몸처럼 입이 생겨나면 어떡하나, 몸이 자꾸 빙글 돌아, 나는 사산되지 않으면, 존재하면, 그러나 계속 태어나지 못하면, 몸은 끔찍한 것을 알아버린 입을 달고 항문과 발을 달고, 둥둥 떠다니며, 내내 어둡고 좁은 산도를 상상하게 되면, 이런 생김새를 가지고, 허공을 벗어나지 못하는 시간이 내내 계속되면, 이번에 죽어 나가야 해, 나는 몸을 자꾸 빙글 돌려, 허공이 점점 더 부풀어 오르는 배를 어루만지면서, 그러면 모두가 검은 너는 몇이냐, 하나 아니 둘 아니 나는 다섯 아니 여섯, 발목을 만지다가 항문을 만지다가, 입이 생겨난 것을 알고는 끔찍해져서는 그만, 어디로 나가게 되는 거지, 그러나 달려 나가기엔 목구멍이 너무 비좁다는 것을 알고서는 나는 그만

부활절의 결심

이제는 하지 않기로 한다

그림자를 생겨나게 했다 지웠다 하는 일 따위
빛 속에서 빛을
어둠 속에서 빛을 파내는 일 따위
낙타와 사막을 동시에 떠올리는 일 따위
거울에 울퉁불퉁한 얼굴을 생겨나게 하는 일 따위
얼굴을 먹어치우는
거울의 괴로움을 생각하는 일 따위
죽은 사람을 불러오는 일 따위
죽음을 벗었다 입었다 하는 일 따위
그림자의 물기를 상상하는 일 따위
흰옷이 물들 때까지 낮과 밤을 버무리는 일 따위
나무들의 기억을 쓰다듬어보는 일 따위
혼자 날아가는 새의 심장에 가닿는 일 따위
우리가 모르는 곳에서 내리는 눈의
우리가 모르는 곳에서 열리고 닫히는 창의
꼬물거리는 핏덩이들의 개수를 세어보는 일 따위

죽은 사람을 저녁놀이 가득한 풍경 속에
데려다 놓는 일 따위
죽은 사람의 왼쪽 뺨에 내 왼쪽 뺨을 포개는 일 따위
기차역 6번 플랫폼에 오십 년 동안 서 있는
귀신의 몸을 통과해주는 일 따위
베이커리에 가서 방금 적출된 내장을 사는 일 따위
무덤을 허겁지겁 파 먹는 일 따위

245mm

어디로 뻗어나가는지 모르는 길이 하나 있고
길옆으로 얼마나 깊을지 모르는 강이 하나 있고
길과 길 밖 사이
틈으로부터 겨우 빠져나온 발이 하나 있다

자 이제 발은 어떻게 해야겠습니까?

|해설|

불가능의 고도, 절벽의 꽃나무

함돈균

> 우리는 이미 거기에 있지 않다
> 어깨와 가까운 곳에서 새가 울었다
> ―「동그라미들」

유한성과 고독, 클릭의 코기토

"나는 클릭한다 고로 나는 존재한다"는 이원의 언술은 디지털 시대의 주체에 관한 본질적인 물음으로는 우리 시단에서 출현한 가장 이른 시기의 것 중 하나였으며, 여전히 그것에 관해 포착된 가장 적확한 이미지―명제 중 하나이다. 1996년에 출간된 첫 시집부터(『그들이 지구를 지배했을 때』에 실린 첫번째 시의 제목은 「PC」이다) 2001년에 출간된 두번째 시집 도처에 산재한 이러한 사이보그적 감수성으로 인해 이원은 "우리 시대 문학의 주목할 만한 현대성—현재성의 일부"라는 평가를 받았으며(이광호, 『야후!의 강물에 천 개의 달이 뜬다』 해설), 이는 2007년의 세 번째 시집에서도 '전자사막에서 살아가는 모니터킨트'라는 평가로 이어졌다(문혜원, 『세상에서 가장 가벼운 오토바이』 해설). 이러한 평가는 이원의 시적 육체가 지닌 문명사적 감각의 특이성에 대한 관점으로는 대체로 의심의 여지가 없는 것이고, 결과적으로 이러한 비평들은 디지털적 감수성과 미적 감각으로 한국 시의 혁신을 주도한 일군의 2000년대 젊은 시인들의 선구적 계보에 그가 있었다는 사실을 새삼 상기시키는 면이 있다. 하지만 이러한 논의가 지닌 뚜렷한 방향성으로 인해 첨예한 관념과 이미지가 뒤섞이며 만들어지는 이원의 독특한 시작 방법론과 형이상학적인 탐구의 궤적은 상대적으로 덜 주목받아온 면이 없지 않다. 세상에 한동안 회자되었던 이원의 이 시도 마찬가지다.

> 나는 그러나 어디에 있는가
> 나는 나를 찾아 차례대로 클릭한다
> 광기 영화 인도 그리고 나·········**나누고**
> ······**나오는**···**나홀로 소송**······**또나**(주)···
> **나누고 싶은 이야기**······ 지구와 나············
> 따닥 따닥 쌍봉낙타의 발굽 소리가 들린다
> 오아시스가 가까이 있다

계속해서 나는 클릭한다 고로 나는 존재한다
　　　　—「나는 클릭한다 고로 나는 존재한다」 부분
(『야후!의 강물에 천 개의 달이 뜬다』, 문학과지성사, 2001)

우리는 이 시에서 디지털 문명의 한 인상적인 이미지를 읽어낼 수도 있고, "나는 그러나 어디에 있는가"라는 자문을 물화된 감각이 빚어내는 우리 시대 '소외'의 한 언표 형식으로 읽는 논자가 있다고 한들 그것을 수긍하지 못할 이유는 없을 것이다. 하지만 첫 시집에서부터 지금까지 그의 작업이 좀더 근원적인 차원에서의 존재론적 질문의 일종이었다는 사실을 감지하는 눈 밝은 독자라면, 이 자문이 실은 자기 시대의 존재 조건에 대한 성찰을 바탕으로 한 인간 존재의 '유한성'에 관한 탐구라는 사실을 짐작할 수 있을 것이다.

　하이데거에 따르면 유한성은 존재의 한 속성이 아니라 근본 양식이다. 유한성은 우리가 그것을 떠날 수도 없으며, 우리가 그 무엇인 한계 조건으로서 오히려 보존되어야 할 어떤 것이다. 그러나 유한성은 그저 유한하게 되는 것이 아니라 참된 유한화의 형식에만 존재한다. 이 참된 유한화의 궁극적인 방향은 존재 본연으로의 개별화에 있으며, 이 개별화는 완강한 자아의 이름을 스스로 재확인하는 일이라기보다는 개개의 인간이 그 속에서 비로소 모든 사물들의 본질에 이르게 되는 것으로서의 '고독화'이다(하이

데거, 『형이상학 입문』). '나'를 검색하기 위해 계속되는 "클릭"과 여기에서 정초된 "고로 나는 존재한다"는 이원의 코기토가 문명의 현 시각을 가리키는 명제라는 점은 의심할 바 없다. 그런데 여기서 눈여겨볼 점은 이 명제가 우리 시대의 이러한 개별화 양상이 과연 사물들의 본질에 근접하는 고독의 참된 존재 양상인가, 하는 질문을 품고 있기도 하다는 사실이다.

고독은 단지 홀로 있다는 것을 뜻하는가. 만일 우리가 이 의미를 승인한다면, 나에 대한 확인인 이 문명적 코기토는 '나의 있음'에 대한 절대적 확인과 다를 바 없을 것이다. 그러나 이러한 자기 확인은 그 확인의 순간과 동시에 나를 둘러싼 사물들의 본질로의 접근을 차단한다. 그의 표현대로라면 "클릭 한 번에 한 세계가 무너지고/한 세계가 일어"서는 '나'의 존재 확인 양상은, 실존의 한계 조건이 되는 사물들의 부정, 존재 이탈을 통해 나의 있음을 확인한다. 그런 점에서 "클릭"의 코기토는 존재 부정을 통해 규정되는 절대적인 자기 존재 긍정이다. 나에게는 유한성도 존재하지 않는다. 그는 홀로 있다기보다는 절대적으로 (고립되어) 있으며, 거기에서 나의 존재 지반과 긴밀히 연결된 세계와의 끈은 끊어지기 때문이다.

그러니 다시 묻자. 일종에 '기분'에 젖어 있는 고독 속에서 진정 나는 홀로 있는가. 거기서 드러나는 것은 '나'의 '홀로' 있음이라기보다는 실은 나를 둘러싼 세계의 내밀성,

내가 기반하고 있는 사물들의 존재 기미다. 스며들어 있는 것, 숨겨진 것, 부재하는 것, 그러므로 불가능한 것으로서의 존재 그 자체에 대한 예감들. 유한성의 정직한 양태로서의 고독에서 불리는 것은 그래서 '나'가 아니라 내 '뒤'의 세계다. 그것은 오히려 내가 사물들의 기미에 열린다는 것, 세계의 그림자들 '곁에 있다'는 뜻이다. 여기에서 유한성의 의미는 이중적이다. 그것은 노동과 일상으로 구축된 '여기' 공동 세계에 내가 '없다'는 뜻인 동시에, 배후 사물들의 세계에 내가 '속해 있다'는 뜻이다. 그것은 보이는 세계로부터 한 인간이 유배되어 있다는 뜻인 동시에 부재로서의 세계와의 교감을 의미한다. 고독 속에서 '나'는 한 세계의 극단, 두 세계의 경계에 서 있다. 거기에서 '나'는 1인칭이라기보다는 사물들의 내밀성을 매개하는 비인칭으로서의 그 무엇이다. 그렇다면 유한성은 단지 내 존재의 한계 상황만을 뜻하는 것이 아니라, 오히려 미지의 것에 우리가 근접해 있음을 감각하는 시적 기분이 아닌가. 시인이나 다를 바 없었던 화가 파울 클레가 자신의 처소가 이미 죽은 자들과 아직 태어나지 않은 자들 가운데에 있다고 말했을 때, 그는 온전한 의미의 유한성, 고독 속에 거주하고 있었음이 분명하다.

    그런 점에서 이원의 세번째 시집에서 '나는 부재한다 고로 존재한다'는 명제로 변형된 이 물음이 '시간'과 '죽음'에 대한 질문으로 더 깊숙이 뻗어나가는 것은 필연적이다. 시간과 죽음은 유한성의 궁극적 지평이며, 부재하는 것들 혹은 부재 그 자체 곁에 머무르는 기분으로서의 고독의 뿌리이기 때문이다. 특히 죽음은 극단적인 것에 머무는 자의 예감을 통해서만이 감지될 수 있는 어떤 불가능한 존재의 처소와 관련된다. 이원의 네번째 시집 『불가능한 종이의 역사』는 '비인칭적' 주체의 이러한 시적 기분을 통해 유한성의 존재 양상을 현시한다. 그것은 좀더 심화된 차원에서의 실존적 한계 상황이자 존재의 배후에 대한 예감으로 나타난다. 그리고 여기에서 우리들이 궁극적으로 조우하는 것은 시인이 서 있는 세계의 유배지, 시간의 절벽에서만 솟아날 수 있는 '불가능한' 질문이다.

일요일의 고독, 지상에 남겨진 그림자들

왜 이 시집은 도처에 고독의 얼굴을 드리우고 있는가. 이 시집에 등장하는 '비인칭적' 주체의 뼈와 뼈 사이, 그림자와 "살가죽이 벗겨진" 몸속, 도시적인 세계 시간과 풍경에 편재한 이 고독의 실체는 무엇인가. 이 고독은 순전한 개인의 감정 같은 것이 아니다. 고독은 한 개인의 정서로서 표출되거나 발설되기보다는, 사물들의 시간에 스며 있으며 은폐되어 있다. 표면적인 차원의 세계 시간에서 보자면 이 기분은 보이지 않는 것들을 향한 것이라는 점에서

'여기' 시간에 속해 있지 않다. 그 기분은 최소한 어떤 경계에 있다. 이 경계는 세계의 배후에 인접해 있다.

    햇빛이 어린 나무 그림자를 아스팔트 바닥에서 꼼짝 못하게 하고 있다

    아이가 제 그림자 속에 공을 튕기며 걸어갔다

    비둘기 두 마리가 나란히 땅에서 하늘로 수평을 끌어올리며 솟구쳤다

    타워크레인의 기다란 줄 끝으로 나무 한 그루가 끌어올려졌다 비닐 안에 뭉쳐진 흙더미가 뿌리를 감추고 있었다

    시간은 수십만 개의 허공을 허공은 수십만 개의 항문을 동시에 오므렸다
                            —「일요일의 고독 1」 전문

이 시집에서 이원의 많은 시적 언술들은 전작 시집들에 비해 상대적으로 더 '진술'에 의존하는 경향을 보인다. 하지만 유독 '고독'을 모티프로 한 시들에서만큼은 '풍경'을 보여준다. 그러나 이 풍경들은 풍경을 구성하는 분명한 시선의 주체를 동반하지 않는다. 이 풍경은 누군가의 시선에

포착된 대상들에 관한 것이긴 하지만, 그 시점standing point은 모호하다는 점에서 전적으로 가시적인 대상들로 직조된 것이라고 하기 어렵다. 첫 연에서 풍경의 초점은 "햇빛"과 "나무 그림자"가 아니다. 초점은 가시적인 대상들인 "햇빛"과 "나무 그림자"가 "아스팔트 바다"와 맺는 '너머'의 비가시적 존재 양상("꼼짝 못하게 하고 있다")에 있다. 그것은 누구나 볼 수 있는 일상의 영역에 있는 것이 아니라, 예민한 시적 기분이 드러낸 세계의 배후에 해당한다. 아이의 공이 몸뚱이의 이면인 그의 "그림자 속에"서 튕겨질 때 이 흔한 풍경은 도시의 서늘하고 낯선 그늘과 불현듯 접속하면서 익숙한 서정의 영역을 비껴간다. "비둘기 두 마리가 나란히 땅에서 하늘로" "수평"으로 "솟구"칠 때, 최초의 시선에 포착된 것은 "비둘기"이지만 실상 거기서 다시 펼쳐진 것은 늘 거기 있었으나 감지되지 못했던 배후로서의 (수평적) "하늘"이다.

　"타워크레인의 기다란 줄 끝으로 나무 한 그루가 끌어올"려질 때, "비닐 안에 뭉쳐진 흙더미"는 특정한 자연적 시점이 포섭할 수 있는 시선의 영역에 있는 것인가. 마지막 연의 언술처럼 그것은 "수십만 개의 허공"에 담긴 "수십 만 개의 항문" 중 하나이며, 일상 속에 "감추"어지고 버려진 모호하면서도 무한한 존재의 얼굴 중 하나라고 해야 할 것이다. 이렇게 이 시집 속 '일요일의 고독'은 배후의 얼굴과 접속하는 시적 기분이며, 곁 사물들의 존재에 대한 예감의 한 형식이다. 그러므로 이 예감으로서의 풍경을 단지 '풍경'이라고만 볼 수는 없다. 우리는 아마도 이를 그것의 가장 깊은 의미에서 '이미지'라고 해야 할 것이다. 이미지는 가시적인 대상 세계에 대한 (객관) 묘사가 아니라, 가시적인 세계의 배후에 무언가가 '있다'는 사실 그 자체를 드러내는 예감이기 때문이다.

같은 제목의 연작시 「일요일의 고독 3」에서 "꽃봉오리가 맺힌 곳이 고요하"고 "흙 속은 웅성댄다"고 할 때, "그늘은 시간을 직선으로 자른다"는 사실을 포착하거나 예민한 청각이 세계의 어디에선가 "딸각 문 여는 소리"를 들을 때, 역시 확인하게 되는 것은 이 고독이 사물들의 기미와 접속하는 시적 교감의 한 양상이라는 사실이다. 이런 점에서 "여자의 얼굴은 휴일의 상가처럼 텅 비"어 있으나 "고독이 꼭 추운 것만은 아니다"(「일요일의 고독 2」)라는 표현은 이해할 만하다.

> 무용수들이 허공으로 껑충껑충 뛰어오를 때 홀로 남겨지는 고독으로 오그라드는 그림자들의 힘줄을 짐작이나 할 수 있겠니
>
> 한 사내가 또는 한 아이가 난간에서 몸을 던질 때 미처 뛰어오르지 못한 그림자의 심정을 짐작이나 할 수 있겠니

몸은 허공 너머로 사라졌는데 아직 지상에 남은 그림자는
그 순간 무슨 생각을 할지 짐작이나 할 수 있겠니
—「그림자들」부분

 이 시집에서 자주 등장하는 이미지가 '그림자'라는 사실은 의미심장하다. 그림자야말로 개별 사물들 곁에 붙어서 떨어지지 않는 그러나 눈에 잘 띄지 않는 사물들의 기이한 잉여가 아닌가. 물론 이 시의 '그림자들'을 분리될 수 없는 존재로부터 분리된 존재의 기분, 따라서 세계의 가장 절박한 고도에 버려진 자의 "홀로 남겨지는 고독"을 예민하게 드러내는 오브제라고 말할 수도 있다. 그러나 이미지를 존재의 기미라는 차원에서 해석한다면, 이 그림자를 화자의 개인적 서정을 착색시키기 위해 선택한 임의적 오브제라고 보는 것은 단순하다. "무용수들이 허공으로 껑충껑충 뛰어오를 때" "오그라드는 그림자들", "한 아이가 난간에서 몸을 던질 때 미처 뛰어오르지 못한 그림자", "몸은 허공 너머로 사라졌는데 아직 지상에 남은 그림자"란, 허방의 저편으로 사라진 몸 뒤에도 무언가 지상에 남은 것이 '있다'는 사실, 분명히 확인할 수는 없으나 무력한 공허 '뒤'에 아직도 이편에 존재하는 무심한 세계의 내밀성에 대한 이미지라고 해야 하지 않을까. 저 자신의 "홀로 남겨지는 고독"을 통해 또 다른 세계 어딘가 유배지 속 그림자의 고독과 접속한 이 시적 기분은, 이런 방식으로 사물들의 사

라짐 뒤에 남은 모호하고 순간적인 흔적을 감지하는 교감이다. 시적 기분으로서 고독에 배어 있는 이러한 무력감은 실존의 유배지, 공허의 바닥으로부터 다시 시작되고 그때서야 비로소 언뜻 나타났다 사라지는 절박한 사물들에 대한 긍정과 다르지 않다. 그러므로 이 고독의 처소는 언제나 "허공 너머"와 "아직 지상"의 경계에 있다.

「그림자 가이드북」에서 "만지면 버석거린다 모래만 남았다//펼쳐진 것은 아주 작다"고 하면서도 이를 "우주와 같은 사이즈"라고 하는 것이나, "의지와 무관하게 흘러나왔고 의지와 무관하게 버려졌다"면서도 "아직도 출구가 있다고 믿는다"는 표현들은 이 고독한 그림자가 역시 '경계'에 거주하고 있음을 잘 보여준다. 이러한 진술들이 그림자 고유의 이미지와 뒤섞일 때 이원의 시는 "벽에서 솟아오를 때가 있다 벽은 물렁하다 벽을 뚫고 나온다 파도치지 않는 벽은 없다"는 존재론적 언술을 획득하게 된다. 이것은 유한성에 대한 부정이 아니라, 유한성에 대한 직시를 통해 획득된 예감적 언술이라는 점에서 주목된다.

없는 테이블, 어둠 속의 아이들

세계의 절박한 고도에 거주하는 자의 존재 양식이 고독이라면, 더욱이 그것이 사물들의 본질, 세계의 내밀성에 접근하는 유한성의 한 양식이자 어떤 경계적 존재 양식이라면, 연인들의 거주 방식이야말로 필연적으로 고독의 영토에 속한다. 그들은 '여기' 공동 공간의 규칙을 따르지 않는다. 한계 너머의 선택을 마다하지 않음으로써 불가능한 것들의 고도에 머물게 된 그들은, 다만 서로를 염려함으로써 지극히 내밀하게 형성된 공동의 고독을 통해 '저편'에 거주한다. 연인들은 만져지지 않는 것, 붙잡을 수 없는 것, 가시화될 수 없으며 끝없이 유동하는 타자의 정념과의 접촉을 추구하면서 고정적이고 지배적인 것, 한계에 저항하는 방식으로 만남 그 자체를 목적으로 하는 참된 유한성의 공간에 거주한다. 여기서 고독은 개별적인 자기 자신의 확인이 아니라 타인을 향해 나아가고, 세계의 경계를 무너뜨리며, 완강한 자아를 무력화하는 매개적 정념의 일부다.

> 우리는 없는 테이블을 사이에 두고
> 없는 의자와 같이 마주 앉아 있다
> 의자는 없고
> 서로 의자가 되었으므로
> 당신과 나 사이에는 테이블이 놓여야 하지요
> 테이블 아래로 밤이 자꾸 와서
> 당신과 나 사이가 깊어지지요
> 글썽이는 것들은 모두 그곳에 묻히지요
> 모서리가 네 개 다섯 개

여섯 개

일곱 개로 늘어나지요

어긋나는 중이어서 반짝거려요

—「서로의 무릎이 닿는다면」 부분

"없는 테이블을 사이에 두고/없는 의자와 같이 마주 앉아 있다"는 언술은 이 연인들, "당신과 나 사이"의 테이블이 지닌 유한성에 대한 메타포다. "없는 테이블"과 "없는 의자"는 이들이 마주하고 앉은 자리가 부재하는 자리, 불가능한 고도라는 사실을 암시한다. 사랑의 차원에서 고독의 존재 양식이 가능하다면, 이들이 마주하고 앉은 테이블이야말로 거기에 부합한다고 할 수 있다. 그러나 이 고독의 양식은 가시적 세계로부터의 유배를 보여주기는 하지만 그들이 전적으로 고립되어 있다는 사실을 뜻하지는 않는다. "내 몸에서 가장 먼/당신의 가장자리/거기가/우리가 닿은/처음"(「우리가 처음 만났을 때」)이며 그것이 그들의 유한성을 지시하지만, 그들의 한계는 곧 그들을 묶어 세우는 출발점이기 때문이다. 그들은 "의자는 없"으므로 오직 "서로 의자가" 됨으로써만이 지상에 그들의 거처를 짓는다. 그들은 사회적 존재들처럼 만나지 않으며, 가시적이며 고정적인 그 어떤 프레임도 그들의 테이블이 되지 못한다. "테이블 아래로 밤이 자꾸 와서/당신과 나 사이가 깊어지지요"라는 언술은 고독 가운데 놓인 이 테이블의 이중적인 성격을 드러낸다. 테이블 아래로 스미는 "밤"은 부재하면서 존재하는, 어떤 의미에서는 부재함으로써만이 존재할 수 있는 이 테이블의 특별하고 절박한 유한성에 대한 이미지다. 깊어지는 밤은 테이블을 점점 더 세계의 고도에 위치시키지만, 고도에 위치한 존재들의 내밀성과 순도도 그만큼 깊어진다. "네 개 다섯 개/여섯 개/일곱 개로 늘어나"는 "모서리"란 그런 점에서 "밤"의 변형태다. 테이블 아래로 자꾸 밀려드는 "밤"은 계속해서 늘어나는 테이블의 "모서리"와 다른 것이 아니다. "밤"의 존재로 인해 "당신과 나 사이가 깊어지"듯이 늘어나는 모서리로 인해 "어긋나는 중이어서 반짝거"린다.

「서로의 무릎이 닿는다면」은 그 자체만으로도 이번 시집에 실린 가장 아름답고 애틋한 연가 가운데 하나이지만, 이 시를 더욱 주목해야 하는 이유는 시 속에 언뜻 비춰진 이미지가 실은 이원의 일관된 시적 형이상학의 핵심을 드러낸다는 데 있다. 그것은 바로 이 시의 "밤"과 "모서리"가 지닌 이미지의 배후와 관련된다. 이 이미지의 배후에는 무엇이 있는가.

이 시에서 "밤"은 이중의 의미에서 '깊(어진)다.' 그것은 현존하는 공동 세계에서 밀려오는 격렬한 위태로움에 대한 이미지이자 세계의 경계 저편에 거주하고 있는 존재들 사이에 깊어지는 밀도를 암시한다. "모서리" 역시 이중적인 차원에서 "반짝거"린다. 그것은 살을 찢는 예리한 상처의 이미지인 동시에 예민하고 깨끗한 감성이 교감하며 발산하는 반짝임의 이미지이기도 하다(이 시의 생략 부분에서 그것은 "단풍잎" "불가사리" "새"의 이미지와 조응하고 있다). "머물 수 없는 곳에서부터" 비롯되며 "너머의 얼굴/끝에 있"는 사랑의 존재 양식이나, "잘린 곳에서 음악이 시작된다"(「그럼에도 불구」)는 말들은 모두 시인이 지닌 이런 존재의 이중성에 대한 관점에서 이해되어야 한다. 이러한 말들은 직접적으로는 사랑의 영역에서 비롯되는 역설적인 언술들이지만, 좀더 근원적인 차원에서 보자면 시인에게 그것은 어둠, 상처받고 잘린 곳, 유배되고 은폐된 자리, (비어 있으므로 아무것도 없어 보이는) 허공, 죽음(과 가까운 자리), 그러므로 시간의 절벽이야말로 존재의 꽃나무가 피는 자리라는 인식을 동반한다.

사방의 어둠은 메시아의 다른 얼굴이라고 블로흐는 말한 적이 있다. 그런 의미에서라면 시인 이원에게야말로 '어둠'은 존재의 빛을 예감케 하는 내밀한 이미지일 것이다(『세상에서 가장 가벼운 오토바이』에 실린 「나이키−절벽」이란 시에서 시인은 이를 "깊은 것은 어둡다 야생이다"라고 표현했다). 예컨대 이 시집의 처음을 여는 한 시를 보자.

　　어둠 속에서 아이들의 함성이 들렸다
　　아이들은 어둠 속에 없었다
　　오른쪽 왼쪽 모두 비어 있었다

조명탑에 불이 들어왔다
열매와 시체와 부리
밀던 것들은 막혀 있었다
거위의 간이 검게 변해갔다
발목도 안 자르고 아이들이 함성 속을 빠져나갔다
얼룩을 따라 벽이 번지고 있었다
사타구니가 오른쪽 왼쪽으로 비틀렸다
뜨거운 눈물이 단단한 눈알에서 쏟아졌다
올해의 첫눈이 내렸다
　　　　　　　　　　──「시즌 오프」 전문

　이원의 세번째 시집에 실린 「나이키」 연작을 기억하는 이들이라면 그의 시에서 '아이들'이 지닌 특별한 존재론적 함의를 짐작할 수 있을 것이다. 이상의 후예라는 사실을 분명히 각인시키듯 이원의 '아이들'은 "온몸에 빗줄기를 화살처럼 꽂고" "숨구멍 하나 없는 하늘과 땅 사이에서 뛰어오"르는 존재이며, 그들의 "발소리는 몸 안에 벽을 쌓는 순간 벽을 무너뜨린다"(『세상에서 가장 가벼운 오토바이』 「나이키─절벽」). "자궁을 찢고 나온 적이 있는 아이들은 속도를 줄이지 않는다"(『세상에서 가장 가벼운 오토바이』 「나이키 1」). 이원에게서 줄곧 '아이들'이라는 언표는 우리가 속한 일상적 시간의 '벽'을 향해 무서운 속도로 달려가 그것을 무너뜨림으로써, 존재 "너머"를 갈구하고 예비하는 메시아적 주문의 일종이었다. 인용된 시에서 "어둠 속에서 아이들의 함성이 들렸다"고 할 때, "어둠"과 "아이들"의 의미를 예사롭게 볼 수 없는 것도 이런 맥락 때문이다.

이 시는 전체적인 정황으로 보아 모더니스트로서의 이원이 포착한 어떤 문명화된 풍경을 얼핏 드러내지만, 그 풍경의 구체적인 정황은 "어둠"에 가려지고 한편으로는 생략되어 자세히 짐작하기가 쉽지 않다. 주목할 점은 구체적 정황이 아니라, 어둠 속의 고독한 풍경이 거느린 시적 아우라다. "어둠 속에서" 들리는 "아이들의 함성." 시인에게 "어둠"과 "아이들"이 의미심장한 시적 언표라는 사실을 감안하건대, 이 시에서 "어둠"은 "아이들"의 존재 기반이며, "아이들의 함성"은 이 "어둠"에 숨겨진 존재의 빛에 대한 계시처럼 들린다. "어둠"은 그런 점에서 배후를 거느린 이미지의 일종이다. 그러나 이어지는 언술에서 이 예감은 끝내 확인되지 못한다. "아이들은 어둠 속에 없었다" "오른쪽 왼쪽 모두 비어 있었다." 존재로의 은밀한 열림은 쉽게 가능한 일이 아니며, 우리에게 가볍게 그 얼굴을 보여주지도 않는다. 그리고 여기가 바로 어떤 유의 서정시들에서 보이는 화해의 문법과 이원의 시가 구별되는 지점이기도 하다.

하지만 끝내 확인되지 못한 이 "아이들"은 정녕 '없는 것'이라고 할 수 있는가. 그럴 리가 없다. "아이들"에 대한 예감은 "어둠"을 보고 있다는 그 시선의 존재 양식에 이미

내재해 있기 때문이다. 칠흑같은 밤길을 홀로 걸어본 경험이 있는 이는 알 것이다. 가로등의 이편에서 어둠의 저편을 보는 이에게, 어둠은 지각되지도 그 안에 숨긴 것을 내어 보이지도 않는다. 어둠은 가로등의 편이 아니라 어둠의 편에 선 자만이 볼 수 있는 존재의 특별한 모습이다. 어둠을 산다는 것은 어둠을 볼 수 있는 가능성과 분리되지 않는다. 아마도 "어둠 속에서" 문득 들렸다 사라진 "아이들의 함성"은 어둠을 볼 수 있는 가능성과 다른 것이 아닐 것이다. 풍경 속에서 또는 풍경의 형식을 빌려 "어둠 속에서 아이들의 함성"을 언뜻 듣는(들을 수 있는) 자는, 이미 그 자신의 거처를 "어둠 속에" 짓고 있는 자다. 부재의 처소, 그러므로 불가능의 처소에서 존재의 가능성을 예감하는 이 양식은, 사물들의 본질에 근접하는 것으로서의 고독의 상태와 다른 것이 아니다.

"조명탑에 불이 들어"옴으로써 드러난 "열매와 시체와 부리"와 같은 풍경은 단순한 외적 정황이 아니다. 그것은 고독에 거주하는 자의 내면 풍경이라고 해야 한다. 따라서 "거위의 간이 검게 변해갔다" "사타구니가 오른쪽 왼쪽으로 비틀렸다"는 말로 압축되는 이 시적 정황을 "올해의 첫눈이 내렸다"는 말과 함께 이해하는 일은 어렵지 않다. "올해의 첫눈"은(그냥 '눈'이 아니라 "첫눈"이라는 사실에 주의하라) "몸 밖으로 몸을 내보내지 않"고 "몸 밖으로 튕겨져 나가려는 시간을 물고 있"(「반가사유상」)는 삶, "몸 속에 죽은 사람이 살고 있"(「인간의 기분, 빗금의 자세」)는 삶, 어둠의 곁에서 어둠의 몸을 살고 있는 이의 "뜨거운 눈물" 앞에서만이 비로소 임재하는 신의 은총 같은 것이다. '시즌 오프'라는 제목은 이런 점에서 다시 한 번 이 시집의 성격을 잘 드러낸다. "올해의 첫눈"이 내리는 순간은 '시즌 오프'의 순간이다. 바꿔 말해 "첫눈"은 일상적 세계 시간 위에는 내리지 않는다. 공동의 세계 시간이 끝나는 자정, 죽음을 담지한 몸의 유배지, 부재하는 것들의 자리, 어둠을 관통하고 있는 불가능한 것들의 고도, "아이들의 함성"이 문득 들려오는 자리는 바로 거기다.

절벽에는 꽃나무, 불가능의 첫 페이지

죽은 얼굴을 보았을 때 발을 붙잡았다
발은 부어올라 있고 죽은 얼굴은 납작했다
발 속에 절벽을 넣어두었구나 생각했다

절벽을 모으면 상자를 만들 수 있다
상자를 비워두면 파도를 밀어낼 수 있다

골짜기는 맨 아래가 좁다
가장 좁은 곳을 깊다고 한다

깊은 곳을 벗어나겠니

절벽에는 놓친 발들
절벽에는 꽃나무

—「해변의 복서 1」 부분

우리는 이제야 비로소 왜 이 시집이 시간의 벼랑에 제 스스로를 위치시키고 있는지를 짐작할 수 있다. "죽은 얼굴"과 '부은 발'은 "발 속에" 숨긴 "절벽"의 시간을 상기시킨다. 절벽의 시간은 곧 "절벽에는 놓친 발들"의 시간이다. '여기'의 관점에서 그때는 '시즌 오프'의 시간이다. 이 시간은 "발이 숨 쉴 수 있는 최소한의 허공"(「이렇게 빠른 끝을 생각한 건 아니야」) 위에서, "물에 빠진 그림자"의 곁에서 "죽은 사람과 정신을 나눠 쓰며"(「턴테이블」), 또는 "마지막 숨을 뱉어내"(「1분 후에 창이 닫힙니다」)거나 "양쪽 어깨에 배낭을 멘 채" 묻힌 "설산에 사람들"(「동그라미들」) 곁에 선 시적 고독과 다른 것이 아니다. 이 시집은 유한성의 극단이라고 할 "끔찍한 고요"(「기린이 속삭임」)의 "골짜기"에 내내 머무름으로써, 이 고독이 곧 부재의 영토에 속한 절박하고 망각된 것들과의 내밀한 연대라는 사실을 분명히 보여준다.

이 점은 테크놀로지에 민감한 육체로 인해 지금까지 첨

단의 모더니스트로 인식되었던 이원이, 실은 현대시의 본령에 충실한 '고전적인' 시인임을 알려준다. 여기에서 '고전적'이라는 말은 그의 시가 '현대 시인'의 가장 적확한 의미에서 현대성에 충실하다는 차원에서다. '현대 시인'이란 신들이 사라진 자리에서 신들의 부재를 증언하는 자가 아닌가. 이 '절벽'이야말로 신들이 부재하는 고도라고 하지 않을 수 없다. 시간의 절벽에 거주하는 이 고독은 곧 "말라버린 신들"의 곁에서 또는 "신들 안에 숨어 춤"게 사는 이의(「뼈만 남은 자화상」) 내밀한 기도다. 이 기도는 '여기'의 시간을 향한 기도가 아니라는 점에서 불가능의 자리에서 구현되는 '얼굴 없는 긴 비명'(「브로콜리가 변론함」)과 같은 것이다.

과연 이 불가능의 자리는 단지 불가능한 자리인가. "절벽을 모으면 상자를 만들 수 있"고 "상자를 비워두면 파도를 밀어낼 수 있다"(「죽은 사람으로부터 온 편지」에서 "상자"는 "빛" "입술" "새"와 같은 계열에 있는 시어다). "가장 좁은" 골짜기는 가장 "깊다고 한다." "거위의 간이 검게 변해"가고 "사타구니가 오른쪽 왼쪽으로 비틀"리는 자리에 비로소 "올해의 첫눈"(「시즌 오프」)이 내리듯, 이 시간의 벼랑은 극단의 어둠이 그 내부의 빛을 문득 계시하는 자리이기도 하다. 실존의 절벽에 거주하고 있는 시적 기분으로서의 고독이 사물들의 본질로 '나'를 인도하듯, 공동의 세계 시간에 부재한 이 불가능의 자리야말로 "그 무엇에도 닿지 않아 소리가 없는/태양이 떠오"(「어쩌면, 지동설」)라는 시인의 영토다.

이 시집에서 '테이블'은 "주저앉은 게 아니야 다리가 없을 뿐"(「그럼에도 불구」)이다. 시인은 가능한 것들의 자리에서 가능한 것을 말하지 않고, "벼랑을 근육으로 만"드는 법, "위태로움을 간직하는 법"(「기린이 속삭임」)을 통해 불가능한 것들의 사막에 은폐된 가능성을 예감한다. 그러므로 어둠 속에서 문득 "아이들의 함성"을 들었던 이 시적 기분은 "절벽에는 꽃나무"가 시인에게 문득 모습을 드러낸 존재의 빛이라는 사실 역시 알고 있다.

흙 속에 파묻혔던 것들만이 안다. 새순이 올라오는 일.
고독을 품고 토마토가 다시 거리로 나오는 일.

퍼드덕거리는 새를 펴면 종이가 된다
새 속에는 아무것도 써 있지 않다
덜 펴진 곳은 뼈의 흔적

왼쪽에서 오른 쪽으로 써나가는 사람. 방금 전을 지우는 사람.
두 팔이 없는 사람. 두 발이 없는 사람.
없는 두 다리로 줄 밖으로 걸어 나가고 있는 사람

첫 페이지는 비워둔다
언젠가 결핍이 필요하리라
　　　　　　　──「불가능한 종이의 역사」 부분

　"흙 속"은 "새순"의 어둠이다. "새순"은 "흙 속"의 빛이다. 지상의 시간에 존재의 빛이 개방되는 일은 고독을 지양함으로써가 아니라 "고독을 품"는 것에서 비롯된다. 실존의 한계로서의 유한성은 지양되어야 하는 게 아니라 보존되어야 하는 것이다. 상처와 "결핍"은 존재를 구속하지만, 그것은 존재의 끝이 아니라 비로소 거기서 다시 시작되어야만 하는 경계이자 출발점이다. 시인에게는 절벽이 곧 신성한 땅이다.
　"종이"는 어떻게 "퍼드덕거리는 새"가 될 수 있는가. 아니, 어떻게 "종이"는 "퍼드덕거리는 새"를 품을 수 있는가. "비워"진 "첫 페이지." "거기가 우리가 닿은 처음"(「우리가 처음 만났을 때」)이지만, "우리는 이미 거기에 있지 않다"(「동그라미들」). "길과 길 밖 사이/틈으로부터 겨우 빠져 나"(「245mm」)와 "빗금의 자세"를 갖게 된 이원의 "첫 페이지"는 거기에서부터 써진다.